城市交叉路口建筑设计

俞天琦 著

中国建筑工业出版社

图书在版编目（CIP）数据

城市交叉路口建筑设计/俞天琦著 . —北京：中国建筑工业出版社，2022.10
ISBN 978-7-112-27710-0

Ⅰ.①城… Ⅱ.①俞… Ⅲ.①城市道路—交叉路口—建筑设计 Ⅳ.① U412.1

中国版本图书馆 CIP 数据核字（2022）第 141534 号

城市交叉路口建筑设计具有其特殊性，如何积极利用交叉路口环境，完善建筑设计，塑造生动的空间形态，是城市建设一项重要且紧迫的议题。作为城市空间的基本组成要素，交叉路口建筑设计是一项由内而外、由外而内的双向过程。本书以环境为基本出发点，通过对交叉路口建筑创作现状的反思，客观地提出了设计中存在的主要问题，综合分析了交叉路口建筑在"城市""街道""建筑"等不同层面的特质，详细归纳了交叉路口建筑设计的原则和策略，期望本书对这一类型的城市空间与建筑设计起到指导作用。

责任编辑：徐　冉　刘　静
责任校对：孙　莹

城市交叉路口建筑设计

俞天琦　著

*

中国建筑工业出版社出版、发行（北京海淀三里河路 9 号）
各地新华书店、建筑书店经销
北京雅盈中佳图文设计公司制版
北京中科印刷有限公司印刷

*

开本：787 毫米 ×1092 毫米　1/16　印张：$10\frac{3}{4}$　字数：161 千字
2022 年 8 月第一版　2022 年 8 月第一次印刷
定价：**49.00** 元
ISBN 978-7-112-27710-0
（39893）

版权所有　翻印必究
如有印装质量问题，可寄本社图书出版中心退换
（邮政编码 100037）

目 录

第1章 绪 论   1
1.1 城市交叉路口的概念界定   2
    1.1.1 城市交叉路口的含义   2
    1.1.2 城市交叉路口的分类   4
    1.1.3 城市交叉路口的构成元素   5
1.2 城市交叉路口建筑的现状分析   8
    1.2.1 对城市整体形象的协调不足   8
    1.2.2 对街道空间构成的利用不当   9
    1.2.3 对建筑转角处理的手段匮乏   10
1.3 城市交叉路口建筑的重要作用   11
    1.3.1 形成城市节点   11
    1.3.2 衔接街道空间   12
    1.3.3 营造公共场所   12

第2章 城市交叉路口建筑特性解析   15
2.1 基于城市层面的解析——交叉路口建筑群体的城市节点性   16
    2.1.1 构建城市意象   16
    2.1.2 延续城市记忆与肌理   18
    2.1.3 容纳城市生活   20
2.2 基于街道层面的解析——交叉路口建筑单体的街道节点性   22
    2.2.1 道路格局的影响   22
    2.2.2 交通组织的影响   25
    2.2.3 道路方向性的影响   27

2.3 基于建筑层面的解析——交叉路口建筑转角的建筑节点性　　28
　　2.3.1　作为形态的节点　　29
　　2.3.2　作为功能的节点　　32
　　2.3.3　作为结构的节点　　32

第3章　城市交叉路口建筑单体设计　　35
3.1　建筑场地布局的整体化　　36
　　3.1.1　出隅型街角建筑的布局　　37
　　3.1.2　入隅型街角建筑的布局　　39
　　3.1.3　组合型街角建筑的布局　　40
3.2　建筑转角造型的特色化　　41
　　3.2.1　强化处理建筑转角，突出建筑形态的标志性　　42
　　3.2.2　钝化处理建筑转角，突出建筑形态的连续性　　47
　　3.2.3　虚化处理建筑转角，突出建筑形态的融合性　　56
　　3.2.4　创新形式的叠加，突出建筑形态的创新性　　61
3.3　建筑沿街界面的导向化　　63
　　3.3.1　对于视线的引导　　64
　　3.3.2　对于运动的引导　　67
　　3.3.3　线条韵律与导向的关系　　69
3.4　建筑内部空间的有机化　　70
　　3.4.1　内部空间形状与外部形态　　70
　　3.4.2　内部空间尺度与外部形态　　71
　　3.4.3　内部空间功能与外部形态　　72

第 4 章　城市交叉路口建筑群体关联设计　　75
4.1　建筑的群体空间关联设计　　76
4.1.1　交叉路口空间作用力的产生　　76
4.1.2　交叉路口空间围合感的建立　　78
4.1.3　交叉路口空间立体化建设　　84
4.1.4　交叉路口空间方向性的建立　　86
4.2　建筑的群体形象关联设计　　94
4.2.1　确定控制性建筑，实现群体形象的差异化　　95
4.2.2　协调建筑形态，体现群体形象的整体性　　100
4.2.3　交叉路口建筑与沿街建筑　　105
4.3　建筑的生长与城市形态　　107
4.3.1　在空间维度上的生长　　107
4.3.2　在时间维度上的生长　　108

结　语　　111
附录 1　　115
附录 2　　137
图表来源　　161
参考文献　　163

第1章
绪　论

　　城市中纵横交错的路网仿佛是城市的骨架。城市随着路网的延伸而扩大，路网随着城市的发展而完善；路网又仿佛是城市这个有机体的血脉，它们使城市中的各种要素相融合。

　　城市交叉路口就像是路网中一个个的"结"，整个道路系统由这些"结"连接成"网"。交叉路口也是城市人流和公共活动的汇集之处，它们容纳了不同的城市活动和景观，成为街道空间中的特殊节点，成为地区乃至整个城市的标志。

　　交叉路口建筑是城市交叉路口的主要构成元素，对交叉路口的空间环境起决定性作用，因此，对它们的研究十分重要。

1.1 城市交叉路口的概念界定

随着城市化进程的发展,城市道路系统越来越复杂化。城市道路交叉口的种类繁多,受到的制约因素也纷繁复杂。因此,研究交叉路口建筑的设计问题,首先应对这类建筑所处的特定环境作界定,明确该环境的含义和组成要素,以便通过对环境信息的深入分析,提出合理、有效的建筑设计策略。

1.1.1 城市交叉路口的含义

交叉路口是指多条道路的交汇处。因此,研究交叉路口首先要研究形成交叉路口的城市道路。通常情况下,根据道路在城市活动中的地位、功能和作用,可将城市道路分为快速路、主干路、次干路和支路等四个等级。根据道路上城市交通的特性和道路两侧用地的关系,城市道路可以分为两大类:一类是通过性交通,行驶车速高,道路尽可能畅通;另一类是进出性交通,为道路两侧用地开发提供交通服务,要求进出方便(表1-1)。

城市道路交通特性及分类　　　　　　　　表1-1

等级	功能	占全部道路(%)	连续性	承担交通量(%)	两侧用地直接进出	车速限制(km/h)	停车	备注
高速路和快速路	通过性交通	—	连续	—	绝对禁止	72~88	禁止	提供高速服务,是对干道系统交通能力的补充
主干道路	通过交通为主、进出交通为辅	5~10	连续	40~65	禁止(只允许重要交通产生点)	56~72(两侧用地安全开发)	禁止	—
次主干道路	通过交通为主、进出交通为辅	10~20	连续	25~40	限制(某些区段道路或车道禁止进出交通)	48~56	一般禁止	道路系统的骨架
集散道路	聚集、分散交通,用地进出,社区间联系	5~10	不必连续,可不与主干道相交	5~10	安全地、有规律地控制出入口	40~48	限制	不鼓励通过性交通
地区道路	进出性交通	60~80	不连续	10~30	安全入口	40	允许	不鼓励通过性交通

单纯的通过性交通主要以快速通过为主，主要服务于交通器械，且多用绿化带与建筑物隔离，因此不在本书讨论的范围之内。本书选取各层级进出性道路作为基本元素，主要研究具有城市生活场所属性的交叉路口空间。进出性交通具有的特点是：①在城市中所占的比例大，约占全部道路总量的65%~90%，具有普遍性；②对城市所承担的交通量较小，交通压力小，通过性交通很少，车行速度慢，易于形成街道景观；③两侧建筑可对道路直接开口，对行人有亲和力。

交叉路口是由交叉路口建筑和城市道路共同作用得到的。芦原义信在他的《外部空间设计》一书中这样描述外部空间："外部空间是从自然当中由框框所划定的空间，与无限伸展的自然是不同的，外部空间是由人创造的有目的的外部环境，是比自然更有意义的空间。"外部空间作为"没有屋顶的建筑"，由地面和墙壁这两个要素所限定……因此地面和墙壁成为极其重要的设计决定因素。交叉路口作为相对于街道而独立存在的一处城市外部空间，主要由墙壁和地面两个因素限定出来。墙壁即指交叉路口周围的建筑，所以在研究交叉路口建筑的时候，不仅仅要研究交叉路口街角一隅，还应把处于交叉路口的数栋建筑作为一个整体来考察，研究它们在形态与空间等方面的呼应关系。地面指相交的城市街道和道路，道路对交叉路口的限定作用因交叉路口所处的具体位置及其发展条件而不同。

随着城市经济和交通的发展，以及人们对城市环境质量的重视和对城市公共空间活力的追求，我国传统的交通布局方式正在逐步改变，道路的交通功能和作为城市活动场所的功能已无法再在同一空间中平行发展，而是在城市总体规划下依据所处的具体城市环境侧重于其中一种功能的完善，而另一功能则放在较次要的地位。这一趋势发展的极端便是步行街和城市快速干道的出现。这也导致交叉路口向两个方向发展。在城市交通干道上，交叉路口的设计强调的是交通流线的便捷、通畅，设计的重点也放在对车流的控制和引导，以及对不同性质交通流线的协调上；而在城市中心区，交叉路口的设计则越来越重视人的感受、空间的形象和场所的意义，它是城市活动在内容、形式、空间上的交会和共融，并由此形成一处新的城市场所，既与周围的街道活动密切相关，又有自身的特殊性和独立性。

在传统城市街区，道路格局及建筑形成时间早，建筑界面完整，且因为早期交通方式的影响，道路都不宽，其外部空间主要是由建筑限定出来的，因而建筑的立面和形态直接影响着交叉路口的性质与特点，交叉路口空间与周围建筑紧密结合在一起，道路的影响作用相对较弱。在一些新建和改建的市中心区，由于考虑到交通的需求，道路都已加宽，同时因为地理位置好，商业、文化等城市活动发达，建筑布局比较完整，这些地段中交叉路口建筑对道路影响仍然是很明显的。但道路的布局和形态也对整个交叉路口的空间起着很大的作用，在这里"墙壁"和"地面"共同限定着空间。而在一些新兴的城市开发区，由于其发展顺序是先由政府修路、再引资造建筑，发展的目标是"现代化的大都市"，即有川流不息的车辆和高耸漂亮的摩天楼，发展的方式各自为政、你争我夺，都想与众不同、出类拔萃。结果虽然建筑物幢幢都费尽心思，却没有连续统一的界面，站在交叉路口，空间的整体感被参差不齐的建筑破坏了，被宽阔的道路和繁忙的车流隔断了，在城市森林的空隙中和湍急的车流旁，人们只能感到喧嚣和自我的渺小。如果是在大型公路立交桥旁或高架立交桥下，传统意义上的道路交叉口已被一种新的概念所替代，高低纵横的道路就是交叉路口全部的内容。由于城市规模的扩大，这类道路已成为城市中非常独立的一个元素，它与城市的其他部分在形式和功能上的联系已经很弱，甚至没有了，而是以大片的绿地作为与城市其他部分之间的缓冲，因此这也不是本书所要讨论的范畴了。

1.1.2 城市交叉路口的分类

交叉路口受到的制约因素纷繁复杂，因此交叉路口空间的种类繁多。这里从它的几何形态、空间主旨及相交道路三个角度进行分析。

（1）按照交叉路口的几何形态分类

①规则型，包括基本的规则型和复合的规则型。如

正方形、矩形、圆形、正多边形等，以及由这些基本形组合而成的复合型。规则型交叉路口空间具有较明确的理性秩序（图1-1）。

②异型。异型转角空间具有不稳定性，其几何秩序不能被人明确把握。由于异型交叉路口空间在形成过程中受历史和地域特殊地表的影响较大，因此在本书的研究当中，主要以规则型的交叉路口空间作为研究对象，并对它们的形象与空间进行探索。

（2）按照交叉路口的空间主旨分类

现代城市的交叉口众多，在不同的环境中也有不同的表现形式，具有不同的空间主旨。每个交叉路口空间都具有不同的功能，扮演不同的角色。

①延续型。交叉路口从属于城市街道的线性空间，强化主方向的延续，弱化缺口对空间连续性的影响。

②扩展型。交叉路口是城市街道的节点，容纳人们的城市生活和交往活动（图1-2、图1-3）。

（3）按照相交道路的条数与相对位置分类（图1-4）

①十字形交叉路口。两条道路相交接近直角（75°~105°）。

② X 形交叉路口。两条道路斜交，一对角为锐角（<75°），另一对角为钝角（>105°）。

③ T 形交叉路口。一条尽头街道与另一条街道以直角（75°~105°）相交。

④ Y 形交叉路口。一条尽头街道与另一条街道以锐角（<75°）或钝角（>105°）相交。

⑤多条道路交叉。五条或五条以上道路在同一地点交汇。

⑥ L 形、工字形交叉口。通过以上五种交叉路口变形得到。

在设计原则上，不同类型的交叉路口并不是泾渭分明的，上面所说仅仅是指设计中它们各有侧重，并以此来突出其不同的空间氛围。

1.1.3　城市交叉路口的构成元素

交叉路口是一个空间概念，涵盖交叉路口环境下的整个空间区域。因此它由多个元素构成。各个元素之

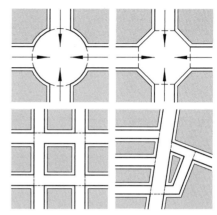

图1-1　规则型交叉路口

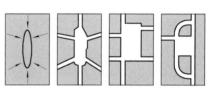

（a）六条道路相交成广场

（b）三条道路相交成广场

（c）四条道路相交成广场

图1-2　交叉路口扩展型

图1-3　四条路相交形成的交叉路口

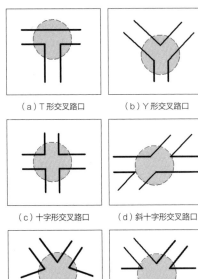

图1-4 按照相交道路分类的基本形式
(a) T形交叉路口
(b) Y形交叉路口
(c) 十字形交叉路口
(d) 斜十字形交叉路口
(e) 五叉路口
(f) 变形五叉路口
(g) L形交叉路口
(h) 变形L形交叉路口

间存在相互作用,其中起到主导作用的是交叉路口建筑(图1-5)。

(1)交叉路口建筑

交叉路口建筑的研究要依据建筑对交叉路口空间环境的影响而定。可能是多幢建筑物,可能是一幢建筑物,也可能是一幢建筑物的一部分。

交叉路口建筑的特征:①交叉路口建筑具有空间的主导性。建筑对交叉路口空间环境特征起决定性作用。作为街道空间的起讫点,街角建筑的性格、形体、界面及布局决定了交叉路口空间的环境特征基调(图1-6、图1-7),对交叉路口空间其他构成元素有决定性作用。②交叉路口建筑因其暴露两个面及其所处位置决定其有较多的观察点,因而具有较强的可视性;又因为其最接近人眼,具有两个灭点,因而更加强了突出性。③交叉路口的空间与道路关系密切,因而具有良好的可达性,常布置许多重要的公共建筑物,成为人们活动的中心(图1-8)。

(2)街角开放空间

街角开放空间是城市开放空间的一部分,包括街角广场、街角绿地等。街角开放空间具有独立性,既不从属于街道,亦不为街角建筑所独有,是人们可以自由进入,随时利用的城市空间。

街角开放空间的特征:①规模小。街道交叉口处开放空间,一般规模不大,约在1hm²。②利用率高。街角空间多为人流集中处,便利的通行条件增加了到达的机会,丰富的可活动场地可以增加街角开放空间的利用率。③位置突出。街角开放空间因其特殊的地理位置,其质量对市容影响较大。

(3)环境设施

街角环境设施是构成交叉路口空间不可缺少的一部分,良好的环境设施对于形成高质量的交叉路口空间具有积极作用。一切与街角环境有关的城市街道设施均包括在内。

街角环境设施的特征:城市交叉路口空间的街角环境设施与城市其他处环境设施相比,具有较强的指示性与较高的景观要求,不仅要满足交叉路口的功能要求,还应有益于突出交叉路口空间环境特征(表1-2)。

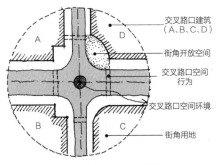

图1-5 交叉路口的空间构成

图 1-6　由古典建筑形成的交叉路口空间　　　图 1-7　由现代建筑形成的交叉路口空间　　　图 1-8　美国费城交叉路口建筑入口处理

日本城市街道设施分类　　　　　　　　　　表 1-2

分 类	名 称
安全设施	消火栓、火灾报警器、街灯、人行道、交通标识、信号机、路栅、除雪装置、横断人行道、自行车道、人行天桥（街桥）、地下道、无障碍设施
快适性设施	烟灰缸、街道树、花坛、地面铺装、树篱、游乐设施、水池、喷泉、雕塑、大门
便利性设施	饮水器、公厕、自动售货机、自行车停车场、汽车停车场、休息座椅、卫生箱、垃圾箱、公共汽车站、地铁入口、邮筒、立体停车场、派出所、加油站
情报设施	电话亭、揭示板、留言板、广告板、广告塔、道路标识、路牌、问路机、计时器、情报栏、意见箱、标识、橱窗

（4）空间行为

作为活动主体的人的行为是交叉路口空间环境的主要组成部分。人及承载其运动的工具，是交叉路口空间的主要动态元素。对交叉路口空间行为的研究可以为交叉路口建筑设计提供一个客观依据。概括起来，交叉路口空间行为模式可归纳为穿行和聚集两种。①穿行行为是交叉路口空间最为重要的活动之一，也是交叉路口空间动态景观之一。这里通过的人，既是环境的观察者、体验者，又是其他观察者的观察对象。在交叉路口空间环境创造中应充分考虑到通过人流的流动方向、规模、活动人群特征、通行方式等因素，进行合理布局，形成通畅的穿行空间。②聚集行为带有自发性，可称之为"随意地集中"。随意地集中反映出人们对于复杂刺激的偏爱。这类刺激包括物质形体环境及人的活动,以人的表演行为、游戏活动等最具吸引力。这种聚集还包括驻足、观望、等候、购物、交谈等。

1.2 城市交叉路口建筑的现状分析

我国现在正处于基础建设的高速发展期,道路发展与建筑设计研究都取得了长足的进步。一方面,许多新区的建设都是从筑路开始,并通过道路的修建带动两侧地带的发展,许多老区的改造也是从街道改造着手,并以此为契机重新整理和振兴城市经济。其中交叉路口处理的成败直接关系着道路建设和街道改造的效果,并影响着整个城市建设的质量。另一方面,随着观念的更新和技术的革命,大量形态丰富的建筑应运而生,建筑自身的完善机制不断加强,建筑与环境的协调能力也有所提高。

然而,我国现阶段,对于交叉路口这一特殊环境制约下的建筑设计,由于对其所处城市空间的影响因素研究不足,仍旧存在大量问题。交叉路口的建筑有的形象杂乱,难以形成整体协调的城市节点形态;有的缺乏合理组织,难以形成清晰的街道节点秩序;有的转角处理手法单调乏味,难以达到增强建筑识别性的要求。这些交叉路口建筑由于没有积极地利用好自身的特点和优势而流于平庸,甚至成为城市的败笔。因此有必要针对这些问题,对交叉路口建筑设计作深入的研究,并总结出一些策略和方法来指导实际设计。

1.2.1 对城市整体形象的协调不足

视觉一直被认为是人们体验空间关系的主要方式,尽管它不是唯一的方式。在"功能主义"的时代,在"为交通进行的城市规划"取得了"成功"的时代,空间艺术遭到了无情的遗弃。城市道路交叉口空间的视觉体验被功能的分化所取代。当前许多交叉路口的建筑处理没有根据每个路口的具体特征精心设计和布置，导致各个建筑单体各自为政，缺少呼应，建筑形体语言凌乱破碎，缺乏统一；有的盲目追求建筑形象的巍峨大气，导致空间效果局促压抑，交通疏散的压力骤然增加；有的建筑形态处理缺少空间观念，形成的交叉路口空间围合度不够，难以塑造场所感；有的缺乏环境观念，与所在地段的环境格格不入；有的不考虑来往人流的观察方向和角度，以至于建筑的形体对交通功能造成阻碍（图1-9）。

这些问题存在的原因是城市设计没有统一协调的原则，忽视整体形态的统一与协调设计，缺乏与周围环境的融合、与城市文脉的呼应。建筑的设计往往只体现业主的财力和个人爱好，建筑师缺乏责任感。一个好的建筑形态设计，需要将形象思维与逻辑思维辩证考量，才能形成良好的整体效果（图1-10）。

1.2.2 对街道空间构成的利用不当

城市中心区道路交叉口空间在经历了现代建筑运动的"洗礼"后，丰富而复杂的城市生活功能被简化，在轻视人类情感、历史文化的思想下，它已经从生活化的城市公共场所变为机械化的汽车"殖民地"。

首先，与其他位置的建筑相比，交叉路口建筑有两个面向街道的立面，它的一个重要作用在于统一两个衔接的沿街立面。由于各条道路在城市中的功能定位不同，交叉路口两边的街道空间形态往往有所不同，交叉路口的建筑形态担负着调和差异的任务。如果形态处理得好，空间就可以很自然地转换，而不会使人产生唐突之感。然而，目前交叉路口建筑不仅没有积极地利用好自身的特点和优势，创造出丰富便利的街角空间，反而常常忽视交叉路口大量的人流转换，尤其是其转角部位的设计，盲目突出自我形态，不注意其形态对外部环境的引导与转换作用，使这些相应的环境不同程度地存在缺少尺度感、视线封闭或环境秩序混乱等缺陷。

其次，道路交叉口空间作为城市公共空间，一直是人们城市生活的重要场所。但是由于现代城镇化的

图1-9 十字路口"四大金刚"式布局

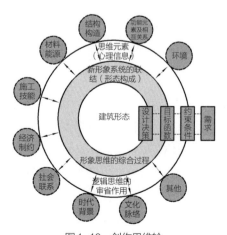

图1-10 创作思维轮

图 1-11 每个建筑各自为政，使人如坐井观天

盲目性以及汽车的大量生产，以往城市空间的完整性遭到破坏。我们忽视了公众集会场所的价值，几乎将街道及一切街道的附属空间拱手让给汽车使用。建筑设计无视街道的构成，对道路交叉口空间的设计通常是先划出道路与建筑基地，任意留下的空地作为"广场"，其余用地上的建筑物都与之毫无关系……有些街角建筑为了争取更多的建筑面积，极力占用街道空间，造成环境拥挤，十分压抑；有些建筑忽视其转角形态的环境意义，缺乏对邻近建筑等环境要素的对应考虑，使建筑脱离了环境……当我们站在今天的城市道路交叉口上，我们不但感觉不到空间的秩序，而且空间的围合感在这里几乎荡然无存：我们目力所及，除了建筑物咄咄逼人的凸角之外，就是宽阔笔直的大路消失于遥远的地平线（图 1-11）。

1.2.3 对建筑转角处理的手段匮乏

首先，建筑转角形态设计是建筑整体造型设计的一个重要组成部分，通过对其的设计，使建筑形态在整体、有机的基础上，更加具有特色和个性。其次，对建筑转角的细部处理是实现建筑转角内外空间有机结合的重要手段。最后，有效地利用材料和结构的特点，是表现建筑转角形态特色的重要手段。

有些交叉路口建筑设计没有认识到建筑转角形态对于丰富和塑造建筑造型特色的重要性，缺少对其的重视，且处理手段匮乏。有些建筑在转角形态的设计上缺乏将形态美观和空间使用巧妙地结合起来的方法，致使转角内外空间对应不当，使用不便。有些建筑不能恰当地选择或布置材料和结构，没有利用材料和结构的有效手段突出建筑转角部位的特色，使建筑转角形态缺乏真实的美感。此外，在采光、通风等节能技术方面，很多建筑转角也存在设计上的不足。

造成以上情况的原因，一方面是受城市建设中片面追求速度和急功近利思想的影响，另一方面也是因为交叉路口的建筑设计缺少系统的理论来指导。虽然也有一些著作和论述谈及交叉路口，但多是从交通或建筑细部等比较片面的角度出发，少有结合建筑和城市景观问题，综合地研究交叉路口建筑设计问题。交叉路口作为特殊的城市外部空间节点，其建筑受功能和周围环境的影响，随着所处交叉路口的不同而各异。

要设计好交叉路口建筑，必须从整体的角度出发，综合考虑功能、环境等各方面因素。针对这一问题，本书在已有的研究基础上，抓住交叉路口的基本功能，对交叉路口建筑的形态和形成的空间进行分析和研究，以求使人们对交叉路口这个特殊的城市节点有一个系统的了解，并借此加强对特定环境建筑设计理论的认识和理解，提高分析、研究实际问题的能力（图1-12）。

图1-12　美国亚特兰大某建筑

1.3 城市交叉路口建筑的重要作用

交叉路口是城市节点空间的重要组成要素，它们对城市意象的形成具有重要意义，人们经由它们可更多地感悟城市，因此，它们是城市意象的"标志点"。每个街区的形态各异，组织方式也各不相同，交叉路口空间可以起到承接与延续的作用，因此它们是街区与街区的"过渡点"。由于交通便利，街道转角空间总是汇集着来自不同方向的人群，人们在这个场所中进行各式各样的活动，所以它们也是城市生活的"汇聚点"。在这种特殊的环境下，建筑受到许多特定因素的制约，因此，研究出相应的设计手法与对策就显得尤为重要。

1.3.1 形成城市节点

交叉路口建筑设计是城市节点设计的重要内容。将节点的观念引入城市设计领域的是美国学者凯文·林奇（Kevin Lynch），他在1960年出版的《城市意象》一书中提出了著名的城市意象五要素——路径、边界、区域、节点和标志。书中将"节点"定义为"观察者可以进入的战略性焦点，典型的就是道路连接点或某些特征的集中点"。一般来说，节点是城市重要道路交叉口或广场与周边建筑及环境的综合,是城市功能与人群活动的聚合处,也是城市认知意象中给人强烈印象的要点。当人们来到一个陌生的城市时,往往会不自觉地借助交叉路口的建筑来确定自己的位置。如果交叉路口建筑的形态比较有特色,就可以加强人们的记忆,从而使城市意象更为鲜明。

1.3.2 衔接街道空间

交叉路口建筑设计是街道空间流畅衔接的重要途径。街道转角建筑的一个重要作用在于它可以统一两个相接的沿街立面。由于各条道路在城市中的功能定位不同,交叉路口周边的街道空间形态往往有所不同,建筑形态设计则担负着调和差异的任务。如果形态处理得好,空间就可以很自然地转换,而不使人产生唐突之感。同时,交叉路口也是大量人流转换方向的地方,如果交叉路口的建筑形态,尤其是其转角部位设计清楚、顺畅,就有利于人流转换方向。与其他位置的建筑相比,街道转角有两个面向街道的立面,这就要求在造型设计时必须考虑从多个视点观察建筑的效果。

1.3.3 营造公共场所

交叉路口建筑设计是营造公共空间场所的有效手段。城市节点的构成要素有物质性要素和非物质性要素两部分。物质性要素主要指建筑物、道路、广场及相关市政设施等。非物质性要素包括各项城市功能与人的社会活动及行为,以及引发的人流、车流、信息流等城市活动。建筑作为场所界面的主体,不仅与场所的活动内容、空间的艺术效果息息相关,而且其文化内涵与场所精神的形成也是密不可分的。

作为城市空间的基本组成要素,建筑设计是一项由内而外、由外而内的双向过程。本书以城市形象为最基本的出发点,截取了具有传统城市生活意义的交叉路口空间作为研究的特定环境,对这个特殊环境中的建筑进行深入研究。首先通过对道路交叉口空间本体特性的研究,分别从城市、道路、建筑三个不同的层面对交叉路口建筑的特性进行解析,并从交叉路口建筑单体设计、交叉路口建筑群体关联设计两个角度,由单体到群体、由空间到形象,探讨交叉路口建筑设计的原则与手法,以期对这一类型的城市空间设计起到指导作用,并使建筑师意识到,每一幢建筑的设计都应充分考虑其所处的场所环境,以及建筑建成后所营造的空间氛围(图1-13)。

(a)纽约某交叉路口街景

(b)罗马某交叉路口街景

(c)北京某交叉路口街景

图1-13 城市交叉路口

第2章
城市交叉路口建筑特性解析

  道路是人流、物流经由的主要途径。交叉路口是道路的交汇处或转折处,这个特殊的场所与城市有着密切的关系,它们具有多样性的空间形态,受到城市、道路、建筑等多层面因素的制约。

  城市交叉路口建筑设计涉及城市设计的范畴,所以在进行建筑研究的时候不能只局限于一个转角或一幢建筑,还要对位于这个节点的建筑群整体考虑,研究它们之间在形态与空间等方面的呼应关系,从而加强城市意象、美化城市景观、营造和谐的场所氛围。

2.1 基于城市层面的解析——交叉路口建筑群体的城市节点性

"城市是一个大建筑，建筑是一个微型城市。"
——阿尔伯蒂（Leon Battista Alberti）

从城市空间的角度出发，日本建筑师田村明提出了所谓的"城市的建筑"，以此来强调建筑与城市空间的密切关系。他认为，那些只存在于城市中但丝毫不去考虑城市空间的建筑，不能算是一种"建筑"，或者只能称之为依照自己的主张完成的"建筑的建筑"。而"城市的建筑"不仅与城市规划相配合，同时还形成了城市意象，进而塑造更完善的城市空间。

建筑以一定的方式组合形成城市空间，城市空间是建筑存在的基本条件，二者是既相互矛盾又相互依存的辩证统一关系。作为实体元素，一个建筑存在于城市当中，总会在不同的程度上以这样或那样的方式影响甚至改变城市。因此建筑设计必须充分照顾到城市空间，以及所处环境的城市节点性，否则，损害的不仅是城市空间，还有建筑本身。

2.1.1 构建城市意象

意象来源于人对于环境形象的感知和体验，因而带有强烈的直觉性和形象性。这种意象是个体头脑对外部环境归纳出的图像的直接感觉与过去经验记忆的共同产物，可以用来掌握信息进而用来指导行为。这种意象对于个体来说，无论在实践上还是情感上都非常重要。凯文·林奇的《城市意象》将城市形象的内容归纳为五种元素——路径、边界、区域、节点和标志。他指出："节点是在城市中观察者能够由此进入的具有战略意义的点，是人们往来行程的集中焦点。它们首先是连接点，交通线路中的休息站，道路的交叉或汇聚点，从一种结构向另一种结构的转换处。"由此可见，交叉路口是一个重要的城市节点，而建筑作为交叉路口的主要构成元素，必将对城市意象的构建起到举足轻重的作用。清晰可辨的交叉路口建筑形象将增强人们体验城市的深度和广度。

（1）从城市形象角度

清晰可辨的交叉路口建筑形象是形成人们认识城市的重要途径。由于所处位置特殊，交叉路口建筑很容易成为整个城市意象的代表，人们可能经由它们来认识节点，进而了解和评价城市（图2-1、图2-2）。正如克里夫·芒福汀（J.C.Moughtin）所说："街道景观主要还是依靠其转角的处理和连接来获得更多的生气。街道聚会场所的充分表现，会从尺度、韵律等方面影响到人们对城市结构的感受，城市的路径和节点因地标而富有生气，而且更易形成生活和工作于其中的人们记忆的意象。"

（2）从道路景观角度

清晰可辨的交叉路口建筑形象有助于形成人们行动的普遍参照系统。作为道路的交汇点，其多向性决定了行人要在这里转向、停顿或作出方向选择。所以交叉路口的建筑设计应当清晰而独特，以便于人们感受和记忆。当人们来到一个城市，往往会不自觉地借助交叉路口的建筑来确定自己的位置，形成行为的参照。如果交叉路口建筑的形态鲜明、特色突出、便于记忆，城市意象就更为鲜明（图2-3、图2-4）。

图2-1　美国亚特兰大某办公建筑

图2-2　成都青羊区中国电信大楼

图2-3　美国旧金山某交叉路口建筑

(3) 从生活场所角度

清晰可辨的交叉路口建筑形象有助于人们产生一种归属感和安全感。意象以视觉信息为主，但除形象性的直觉信息之外，还包含其他许多感觉体验中获得的非直觉信息。真实环境中的物体很少是有序的，然而经过长期的接触熟悉之后，心中就会形成有个性和组织的印象。意象往往是城市居民长年累月活动、体验的积累，具有历时性。如果交叉路口建筑形象容纳了人们对所在城市的深厚感情，必将有助于人们从心理上产生对于城市的归属感和安全感（图2-5、图2-6）。

意象反映出一群人对某一地区环境的共识，在一定程度上反映了环境本身的属性，因而对环境设计具有重要的参考价值。城市意象在某种意义上是城市文化内涵的一种外在表现，良好的城市形象增进人们对城市内涵的体验。可以说，城市本身就是复杂的社会象征，如果它有良好的视觉形象，它就会更加具有表现力。

事实上，一个良好的交叉路口空间环境，可能不仅能满足日常的出行需求，或承担已经拥有的意蕴和感情，而且更重要的是在新的探索中承担导向和促进作用。

2.1.2 延续城市记忆与肌理

早在20世纪60~70年代，意大利建筑师阿尔多·罗西（Aldo Rossi）提出城市建筑记忆并引入时间纬度，使人们关注建筑的历史延续及城市建筑的人文价值。在城市空间中，建筑形式转化为一个地点的历史，在时间和空间上形成对事物的共同记忆，通过抽象化的建筑语言呈现出来。

在我们对交叉路口空间进行体验时，我们的体验是与周围环境、前后序列关系和以往的经验相关联的。换而言之，在特定区域交叉路口的建筑，其可识别性的建立途径之一就是使其带有这个地域的特殊性。因为每个市民都是与城市某一地区长期联系的，在他的印象中会留有各种记忆的特殊含义，当交叉路口的建筑形式与这

图2-4　成都百扬大厦天府红交叉路口

图2-5　美国费城联邦机关建筑前广场

图2-6　美国洛杉矶当代艺术博物馆

种记忆或含义相吻合时，这一建筑形象就会很容易在市民的记忆中被留住。

（1）建筑结合已有建成环境

尊重现实，尊重已有的当代建筑，首先要树立整体环境的思想。要从内外两方面衡量建筑作品的成败。内部作好建筑自身的功能安排，外部则是对城市整体环境负责。对于交叉路口建筑，树立系统的思想尤为重要，要主动扩大自己的职责范围，自觉地把整体环境纳入自己的创作视野当中，使自己的建筑成为优化整体的一个重要元素，真正成为"城市的建筑"，而不是"建筑的建筑"。

例如，当交叉路口已有建筑的布局已经形成明显的规律，新建筑的布局也应在一定程度上顺应这种规律，以突出整体环境的秩序性；又如，在地段中常会有一些或历史悠久，或影响较为广泛，或规模较为宏大的建筑物，这类建筑一般都是建筑群体的重点部分，应对其充分尊重，以符合整体环境的结构特征；再如地段环境常常会形成一定的建筑风格，这就要求新建筑也要尽量融入这种风格，以形成整体环境的风格特色（图 2-7）。

（2）建筑结合地域文化环境

城市是一个不停发展的综合体，每个城市的发展和现状的形成都有着自己的历程和特点。"罗马不是一天建成的"便说明了城市建设的历时性和渐进性的特点。作为城市外部空间的一部分，交叉路口也因不同社会文化背景的影响而呈现出多种多样的形态特征。不同文化背景下的城市，其公共活动的特点各异，因此交叉路口所起的作用不同，导致交叉路口的建筑形态出现差异。例如，古代中国的城市属于一种"街市文化"，而欧洲古代多为"广场文化"，其交叉路口空间所担负的城市功能和容纳的城市活动有所不同，因此交叉路口建筑形态也表现出不同的特征。

在城市不同的发展阶段和建设过程中，会留下每个时期的见证，即不同年代和风格的建筑、街道、广场等。也正是这些城市历史的积淀塑造了城市的物质面貌和精神面貌，合成了城市的肌理，形成了城市的形象。在不同的文化背景下形成的城市表现出不同的文化内涵；受

   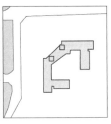

图 2-7　建国门外大街交叉路口建筑　　　　　图 2-8　美国亚特兰大某交叉路口建筑
（a）建筑形象　（b）建筑总图　　　　　　（a）建筑形象　（b）建筑总图

同一文化背景的作用，城市的形象在其共性存在的同时，也因具体地区特有的文化观念而有所差异（图 2-8）。

（3）建筑结合社会心理环境

同构作用的事实说明，作为客观的交叉路口建筑，要在深层次上被人认知，并且发挥其应有的更多的作用，就应当以能够被人们所普遍接受的文化底蕴作为设计的出发点，才能够以正确的方式对人们产生影响。这首先应当建立在能够解析一定社会心理结构及特性的基础上。它不再仅仅局限于对建筑空间精神本身的追求，而是要获得由空间环境所引发的人类活动的需求与感受中，它和空间环境一起，构成了一种对于个人信仰与理念满足的境界。

对于这种心理结构的理解运用，不仅仅表现在对传统氛围的保留，还体现在建筑文化结构的嫁接。就是要在原本的文化结构上嫁接新的设计思想、手法、思维方式，产生一种全新的文化结构，也可能是对原有文化结构的优化和异化（图 2-9）。

（a）美国纽约第 11 大街 100 号住宅

（b）美国波士顿某街道住宅

图 2-9　同类型建筑在不同街区交叉路口的处理方式不同

2.1.3　容纳城市生活

交叉路口汇集来自不同方向的人群，容纳各式各样的城市生活（图 2-10），因此，交叉路口建筑功能和城市功能是不能截然分开的，而是相互联系、相互匹配的。有时候是城市空间的功能性质要求其周围只能布置某种类型的建筑，有时候是某一建筑的存在限定了它附近的城市空间的性质，但在更多的情况下，很难分辨究竟是谁起了决定作用，因为二者本来就是统一的。

（a）青石桥海鲜市场　　　　　　　　　（b）青石桥海鲜市场交叉路口

图2-10　成都青石桥海鲜市场街角的市民生活场景

功能的群组配伍：以城市生活和运作的组合规律为基础去研究各建筑功能单元之间内在关联的可能性，并创造出积极的使用效应的功能组合关系。具体有以下几种类型：①竞争型：同类功能单元并置，因相互竞争而产生聚化效应。如商场、购物中心因选择的多种可能性而形成竞争，提升整个商业效益。②主从型：一种主次分明的组合方式。如城市商务中心区通常配以适量餐饮、休闲设施以保证系统协调运作。③互补型：功能单元之间相互补充构成整体。如诊所与药店、商务与旅馆等配对出现而构成更为完善的整体。④系列型：对具有相同性和延续性的功能单元进行组合，以促进系统更加便捷高效。如对不同交通性质的站点（火车、汽车、地铁等）进行组合，形成集约、高效的交通枢纽中心。对于交通拥挤混乱的交叉路口，也可以将人流、车流多的建筑相对集中在街道一角，通过支路环绕、形成岛状活动中心的方法，缓解交叉路口的空间压力（图2-11）。因此，交叉路口建筑的设计要侧重于城市建筑各种关系的组合，建筑、交通、开放空间等因素的交织，是一种整合状态的系统设计。

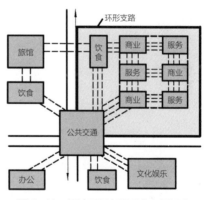

图2-11　通过环形支路形成岛状活动中心，缓解交叉路口的交通压力

由此可见，交叉路口同时具有"容器"的包容功能与"磁体"的精神凝聚功能（图2-12）。容器的功能体现在：吸引人群至此，并产生归属感。磁体的功能体现在：同化来此的人群，使其参与共同的社会生活，产生共同的习俗与文化心理。这种功能的产生促使群体与

图2-12　"容器"的包容作用与"磁体"的凝聚作用

整体环境产生积极情感和心理倾向，引发友好向往和依从的高层次精神现象，是人类社会共同体共同建构的生活画面在每一个成员记忆中的映刻。

2.2 基于街道层面的解析——交叉路口建筑单体的街道节点性

"当我们想到一个城市时，首先出现在脑海里的就是街道。"

——雅各布斯（Jane Jacobs）

城市街道记录了城市的发展历程，随着城市规模的不断扩大，街道系统也逐渐发散延伸并记录每个时期发生的重要建设事件，反映当时的社会和经济状况。这些物质环境都是城市形态重要的组成部分，是城市精神的物态化反馈。

交叉路口是街道的转折点或端点，交叉路口建筑形式对街道空间艺术具有重要影响。道路作为交叉路口的基本构成元素，其相交的数量、相交的方向、各条道路的宽度、交通流量、路面交通组织及道路上的城市活动内容对交叉路口的建筑布局和形态塑造都有着极大的影响。

2.2.1 道路格局的影响

交叉路口的道路格局是指所有相交道路的布置格局和相对位置关系。道路格局和建筑形态的矛盾表现在建筑形态要体现出对道路整体结构肌理的符合和尊重。这是交叉路口建筑设计的前提条件，也是交叉路口建筑较于其他地段建筑设计的特殊之处。分析、研究道路格局的目的就在于掌握道路结构特点，了解道路所形成的几何构图关系以及道路的平行线、中轴线、延伸线等几个方面对建筑形态的制约作用，把握道路结构特征对建筑形态作用的强弱程度。

交叉路口的道路与周围的建筑用地之间的关系，可以用图2-13的方法加以分析：没有道路时，整块用地都是均质的；有一条道路穿过时，由于道路的性质与建筑用地性质的差异，在街道与用地的相接处就形成特殊的地带——边缘，用地被道路划分，并且每块用地都开始具有方向性；当有多条道路穿过时，用地被进一步划分，出现交叉路口这种同时邻接两条道路的特殊地带，用地的方向性也复杂起来。如果再考虑各条街道的流量和活动内容的不同及街道本身的方向性，交叉路口周围各个用地之间的关系和各自的方向性就呈现出千变万化的组合。在进行交叉路口的建筑形态设计时，建筑师必须认真分析用地在整个路口中所处的位置及周围道路和用地对建筑形态所产生的影响，并结合建筑自身的设计特点确定建筑的布局和形态构成，使建筑真正融入到交叉路口的整体环境中去。

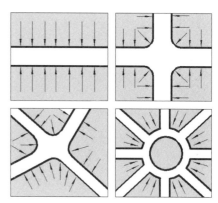

图2-13 道路格局的变化对用地方向性的影响

根据道路布置格局和相对位置关系可将交叉路口形态分为三大类：一类是正交通路，指两条道路相交接近直角，其中含T形、十字形路口；另一类是斜交通路，指两条街道相交成锐角或钝角，包括Y形、X形路口和五条以上的多条路交叉（图2-14）；第三类为立交，主要以通过性交通为主，不在本书讨论的范围之内。不同道路格局的交叉路口建筑具有不同的设计侧重点。

（1）十字形交叉路口

十字形交叉路口是城市道路交叉的主要形式，适用于相同或不同等级道路的交叉，构成简单，交通组织方便。其特点是形态规整，各地块没有明显的主次之分，四个转角都是建筑形态设计的重点。各街角建筑特征主要由各自内容决定，通过对转角部位的处理，建筑相互之间比较容易形成一定的呼应关系，同时要注重交叉路口空间的特色化处理，避免形成过于平淡的交叉路口形态。

（2）X形交叉路口

X形交叉路口为两路斜交，一对角为锐角，另一对角为钝角。转弯交通不便，车辆交通在交叉处容易形成冲突。所以交叉路口处的建筑应格外注意向后退让，以便让转角处的视野开阔。两个锐角地块形成强烈的对峙之势，当建筑处在这两块地段上时，要尤其注意它们对交通视线的遮挡，要通过建筑的处理弱化这种挤压感，以便形成空间上的舒缓和流线上的顺畅。

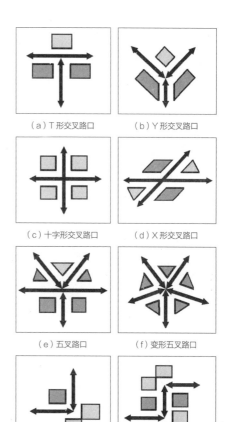

(a) T形交叉路口　(b) Y形交叉路口
(c) 十字形交叉路口　(d) X形交叉路口
(e) 五叉路口　(f) 变形五叉路口
(g) L形交叉路口　(h) 变形L形交叉路口

图2-14 不同的交叉路口形式对建筑设计的影响

（3）T形交叉路口

T形交叉路口，适用于次干路连接主干路或尽端式干路连接滨河干路的交叉路口。对于街道空间来说，这种交叉路口封闭感较强，所能容纳的交通流量也比较低。它主要用来封闭街景，从而使之形成具有一定场所感的传统道路，在欧洲比较常见。其端头处的建筑位置显赫，是T形交叉路口空间的主要景观建筑。与两个转角地块不同，它的轴向性和引导性很强，能成为正对街道的对景，给人留下深刻的印象。这个地段的建筑标志性很强，因此要注重造型的特色研究和天际线的节奏设计，以便加强这个交叉路口的可识别性。

（4）Y形交叉路口

Y形交叉路口空间是道路分叉的结果，各块用地方向性差异明显。中间地块是整个路口方向集中的焦点，其建筑形态的处理对整个路口建筑景观有着直接的影响，而两侧的建筑则更多地起到铺垫和烘托气氛的作用。如果交叉路口各建筑的体形和界面处理恰当，每条相交道路的前方都能形成一个视觉对景。由于非直角相交，所以在各道路上都有可能部分地看到另外两条道路，因此，它的视觉可达性较T形交叉口更高，也更容易形成空间的聚集感，建筑界面的关联性也更重要。

（5）多条道路交叉口

多条道路相交而形成的多叉路口，中央有时设交通岛。当各条道路均匀分布时，各个转角用地没有主次之分，道路格局有强烈的向心性。当各条道路不均匀分布时，各街角空间各异，应注意总体把握。多条道路相交，各条路的识别性与指示性相对来讲比较重要。构成交叉路口空间的建筑在总体环境协调的情况下，应具有较高的识别特征。另外，通常情况下，由于多条道路交叉口的放射性较强，位于交叉路口的建筑除转角部位要着重处理以外，界面的引导性也是设计的重点。

（6）L形、工字形交叉口

L形交叉路口交通量较小，空间形态比较封闭，围合感较强，容易创造安静的生活氛围，适用于小型的生活区内的道路。正对道路来向的两块地上的建筑较为重要。它们是两条街道的对景，并暗示道路的转折。它们的得当处理，可以使道路变得富有趣味，空间变得清晰流畅。

工字形交叉口空间可以视为两个L形路口的组合，其封闭性、围合性更强。沿街建筑的重点处理位置也和L形相类似。

曲折多变的街道空间给人以丰富的空间体验。在街道运动的人流对位于道路交叉口的建筑物非常敏感，此处的建筑物极有可能成为景观的焦点。道路相交形式不同，景观焦点的位置与等级也各不相同。

2.2.2 交通组织的影响

影响场地环境的一个重要因素就是道路的交通组织，它既是建筑设计的外围条件又是参与因素。建筑设计时，要注意研究建筑所依临的城市道路是否具有足够的交通容量来满足建筑所带来的交通要求，尤其是位于道路交叉口的建筑。交通现状直接影响到交叉口建筑的形态处理和功能组织，而建筑一旦建成，其转角处的形态和功能也会对道路产生直接影响。若忽视这个问题，在本来已经拥挤的道路上再增加交通负荷，势必造成交通的混乱（图2-15）。

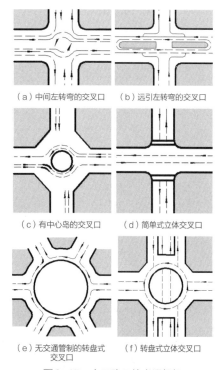

（a）中间左转弯的交叉口　（b）远引左转弯的交叉口
（c）有中心岛的交叉口　（d）简单式立体交叉口
（e）无交通管制的转盘式交叉口　（f）转盘式立体交叉口

图2-15　交叉路口的交通组织

（1）视距三角形原则的影响

交通是交叉路口的基本功能。交叉路口具有来自不同方向的车流，因此交叉路口的建筑必须作出一定的退让，在退让线以内不能有任何遮挡视线的构筑物。这就是"视距三角形"原则（图2-16）。

这个原则虽然限制了建筑的用地，却增加了建筑影响交叉路口的面宽，扩展了交叉路口空间，有助于交叉路口自身场所感的形成。这个原则要求街角建筑在设计过程中首先满足道路的功能要求。

基地的交通情况对建筑的影响不仅是功能意义上的，交通速度的差异对建筑的形态也产生着影响，不同的交通速度下人们对形态的感受是不同的。对于生活性较强的交叉路口，人多处于步行状态，多在近距离、慢速的情况下感知建筑。建筑的立面、转角的形态和尺度要更多地考虑近人尺度的感受。而位于交通量大、交通繁忙的交叉路口建筑，退界比较明显，建筑和道路的关

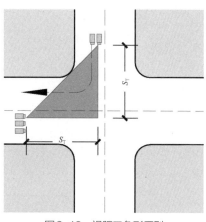

图2-16　视距三角形原则

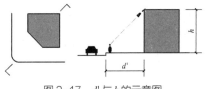

图 2-17　d' 与 h 的示意图

（a）交叉路口

（b）交叉路口建筑形象

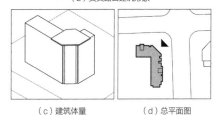

（c）建筑体量　　　　（d）总平面图

图 2-18　华清商务会馆

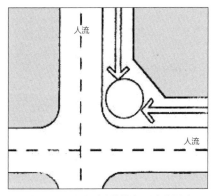

图 2-19　人流对建筑转角形态的影响

系也相对松散，在此情况下，应充分考虑在快速行驶的车辆上的视觉感受，在建筑的相应部位和转角处实现相应的形态和尺度。

（2）人流密集的影响

街头巷尾自古以来就是人们乐于驻足之处，再加上道路交叉口是多方向人流、车流的汇聚之处，使这个地带的矛盾尤为突出。而正是由于交通便利，交叉路口常聚集大量的公共建筑。为此，《民用建筑设计统一标准》GB 50352 中就明确规定，电影院、剧场、文化娱乐中心、会堂、博览建筑、商业中心等人员密集的建筑基地或建筑的主入口应避免直对城市主干道的交叉口。此外，将此位置的建筑作退让处理，以加大用于人流缓冲和过渡的街角空间，也是常见的做法。除此之外，为优化环境质量，建筑转角应在其近人尺度上作恰当的处理。一般情况下，道路交叉口相对的建筑转角高度最好能够呼应，建筑转角到道路边缘的距离 d' 和其高度 h 之间的关系以 $d'/h \geq 0.5$ 为宜，以此来降低建筑对道路的压迫感（图 2-17）。当然，这也要根据各建筑整体造型的具体情况而定（图 2-18）。

交叉路口密集的人流对建筑设计提出了极高的要求，但也是交叉路口建筑的一个优势。人是城市空间活力的源泉所在，如何妥善组织大量的人流，使之成为提高交叉路口空间活力和丰富空间内容的动力，充分发挥交叉路口的地段优势，是衡量交叉路口建筑形态设计成败的关键因素。

（3）人流导向的影响

道路交叉口是多个方向的人流、车流的集结与分散之处，这就要求交叉路口建筑形态要利于识别并有助于方向引导。首先，要加强建筑形态的方向性。每个交叉路口内的用地都具有一定的方向性，在这个特殊环境中的建筑也必然带有方向性，因此，建筑的形态与布局须与周围环境产生呼应和对话（图 2-19）。方向性主要取决于相交道路的主次及交叉路口的特性。其次，要加强建筑转角形态的个性和导向性。人们可以利用其识别方向，并自然顺利地达到转向的目的（图 2-20）。最后，建筑转角除满足行车视距的要求，还应尽量满足人们的趋近心理。

（4）空间层次的影响

当空间内存在多项内容时，应该在设计中考虑空间的层次。在交叉路口中，我们可以根据不同的用途和功能来确定空间领域，并以一定的顺序将空间划分出层次。交叉路口处的道路可分成三部分：流入部分、交叉部分和流出部分。流入部分主要是对进入交叉路口的各种车辆进行减速分道等准备程序。而流出部分的主要功能则是配合流入和交叉部分的车流安排，接纳通过交叉路口的车辆并保证其顺利前行，使路口通畅。交叉部分是交叉路口的关键部位，需保障不同方向的交叉车辆能顺利通行，减少相互的干扰，避免交通堵塞和事故的发生。

图2-20 泛利大厦对交叉路口的引导性

我们从街道空间及交叉路口的渐变这个角度来分析交叉路口的空间层次。以最常见的十字形路口为例（图2-21）。在A区，人完全是身处街道的感觉；到了B区，行人就开始看到相交叉的另一条街道，开始意识到前方交叉路口的存在；到了C区，随着人行横道及停车区的出现，开始看到相交道路的街景，交叉路口的氛围也越来越强；一旦进入D区，行人就完全进入交叉路口所特有的空间氛围之中，不论是街廊和道路布局，还是周围建筑的形态，都与街道空间不同。在这个过程中，建筑的方向感和秩序感各有侧重。

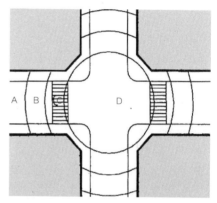

图2-21 交叉路口空间平面示意图

再来分析交叉路口的剖面，同样存在着一种空间层次上的秩序（图2-22）。A区是完全室内的空间；B区则是属于半室内、半室外的"灰空间"；进入C区，虽已是城市外部空间的一部分，但仍与A、B区有一定的联系；而在D区，已完全是城市交通空间，行人也不再涉足。这些空间上的层次性反映了交叉路口空间的一种内在的规律（图2-23）。

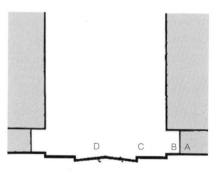

图2-22 交叉路口空间剖面示意图

2.2.3 道路方向性的影响

方向性是道路很重要的功能特性，常在道路终点突出一些目标因素，以强调它的结束或同其他道路的差别。通过道路的方向性人们可以判定自己在道路中的位置，并根据自己的位置来衡量距离感。交叉路口根据方向性表现为两种类型：延续型与扩展型。

图2-23 西单北大街与辟才胡同交叉路口在空间层次上的秩序

(1) 延续型

对于大多数的城市中心区道路交叉口来说，它们从属于街道这个连续的"线性"城市空间。街道在某一方向上的连续运动被与之成角度的另一条街道切断，空间的主旨是强化主方向上的连续，弱化缺口对进程的影响，同时在小范围的次要部位对方向的变换进行暗示。在这里，将符合这种空间特性的道路交叉口空间称为连续型道路交叉口。这种类型的交叉口在设计中主要体现的是它作为城市道路的组成部分的特性，起到连接与过渡的作用。快轨大厦位于北京市东城区东二环与东直门外大街交叉路口东北角，交叉路口南北向的东二环相对于东西向的东直门外大街为城市主要的连续"线性"空间和运动方向，为呼应该连续型道路交叉口的特性，快轨大厦在平面布局上更为规则和具有方向性（图2-24）。

(2) 扩展型

扩展型交叉路口是指在连续运动的街道进程中，在适当的位置设置集结点、停顿点，它们在形式上，常常表现为广场，相对于连续型交叉路口空间成面状；在功能上，常常是人们城市生活、交往的场所；在象征意义上，常常标志着一个段落的结束和另一个段落的开始。这一点成为人们运动的中点或停顿点，在这一点，人们重新选择前进的方向。凯文·林奇的"节点"、芦原义信"逆空间"理论中的"城市的客厅"讲述的都是这类城市道路交叉口。这种类型的交叉路口在设计中主要体现的是它们在城市空间中的相对独立性、在设计中的可识别性和标志性，以及自身的整体性原则。新保利大厦位于北京市东城区东二环与东四十条交叉口西南侧，建筑在转角处形成巨大切角，在交叉口处留出公共活动空间，作为公众活动的集结点与停顿点（图2-25）。

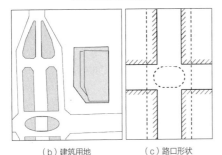

（a）交叉路口建筑形象
（b）建筑用地　　　（c）路口形状
图2-24　快轨大厦所在交叉路口

2.3 基于建筑层面的解析——交叉路口建筑转角的建筑节点性

"视觉显著点的效果和力量都源于延续的间断和间断的延续。"

——贡布里希（E.H.Gombrich）

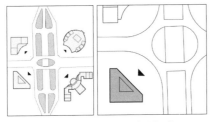

（a）交叉路口建筑形象
（b）交叉路口平面图　　　（c）建筑用地
图2-25　新保利大厦所在交叉路口

建筑转角部位的建筑节点性特征是由其几何意义上的位置所决定的。它一方面是形态的转折点，另一方面还是建筑和城市空间关系最为密切的局部。这个位置的特殊性使建筑转角部位不仅是建筑的形态节点，而且是功能、结构等多方面构成的节点。从这一意义出发，我们可以以转角部位为切入点研究建筑设计（图2-26）。同时，建筑转角部位的处理方法也制约了建筑形态的生成。在交叉路口空间，建筑的转角直接受到交叉路口空间形态的影响，因此，它的处理对于建筑形态塑造及其空间构成起到了举足轻重的作用。

在今天这个多元文化的社会中，对于建筑精神与物质的双重属性研究正不断深入，探求建筑转角的节点意义有助于我们从本体的角度更好地把握建筑。

图2-26 建筑转角对建筑形态起到重要的作用

2.3.1 作为形态的节点

建筑的转角作为建筑元素组合的节点部位，是要素构成的反映，转角的形态直接影响到我们对建筑构成秩序的感知。

（1）视觉显著点的易构处

视觉显著点是著名的美学家贡布里希提出的概念，它是美学发展的一大突破，它使许多以前不能解释的美学现象得到了合理的解释。它的定义是指秩序的中断处，即从秩序过渡到非秩序或从非秩序过渡到秩序，我们在观看时，视知觉就会受到振动，如图2-27所示，台阶宽度的逐渐缩小并不使人觉得有什么特别的地方，而中间的台阶却打破了整个序列（秩序）的延续性，因而引起了我们的注意，形成视觉的焦点。

从图底关系的角度来说，视觉显著点一般作为图而存在，所以易从背景中脱离出来，成为图的地方就是视觉显著点易构的地方。建筑转角由于处于两个面的转折处，易于形成视觉中断；加上转角的突出性，使其极易脱离底而成为图，是形成建筑视觉显著点的有利位置。

建筑视觉显著点的建构对建筑具有重要的作用，了解这些作用对建筑形态设计有极大的帮助。根据已有的研究，建筑视觉显著点具有以下的作用：对形态起强调和突出的作用，是视觉的趣味中心和知觉中心；形成视觉的休息点和观赏点，以消除因视线四处扫视却一无所

图2-27 视觉显著点

图 2-28　悬挑部分构成视觉显著点

见而导致的视觉疲劳；利用视觉显著点吸引视线的"重力"优势，达到视觉平衡；起到对形式美、构图法则及视觉效果等方面的装饰作用或对使用功能等的标志作用；使建筑形态和历史传统及地方特色联系起来，从而达到情感的认同等（图 2-28）。

（2）透视观察的突出处

这个视觉特性是由透视变形而造成的。人在观看建筑时，由于透视的作用，只要不是正面观看（这种观察的机会较少），水平线就会产生向远处消失的灭点。人站在交叉路口，建筑两面向远处消失，两面墙不同的阴影效果，或有些立面上竖向线条的对比，使转角的突出性非常明显。再则，从角部观察建筑，层次较多，立体感强，轮廓变化剧烈，给人的印象深刻（图 2-29）。

（3）建筑造型的丰富处

建筑转角形态的变化容易给人以形体丰富的感觉。有时，一座方盒子建筑只需对转角的形体进行处理，单调的形体感觉就消失了。其原因主要是建筑转角的形态与建筑轮廓有直接的关系，转角的形体发生变化，建筑的轮廓线也会相应改变。人在观看物体时有三个过程：物质形态通过光线传送到人眼的过程是物理过程；通过视神经把观察到的信息传送到大脑的过程是生理过程；由大脑对信息作出判断和理解的过程是心理过程。而心理过程往往加入了人的主观因素。正常情况下，人们观看建筑只能看到建筑的局部，这时，

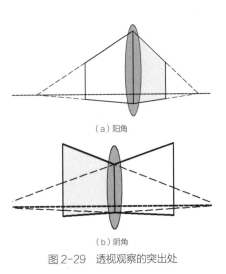

（a）阳角

（b）阴角

图 2-29　透视观察的突出处

转角的形态变化和视觉感受的关系　　　　　　　　　　　表2-1

转角特点	转角形态变化			视觉感受
两面相交成线的形式				视觉感受趋于平淡，类似积木似的"方盒子"，轮廓死板
两面相交，在水平方向发生变化				视觉感受因异样而脱于雷同
两面相交，在垂直方向发生变化				"方盒子"的感觉被打破，建筑轮廓也开始丰富
两面相交，在空间多个方向发生变化				视觉感受因强化而近于新奇，建筑轮廓变得丰富

变化的转角形体及丰富的轮廓线会加大对人脑的刺激，产生新奇的感受，甚至会产生建筑的整个形体丰富起来的错觉。因此，要打破方盒子建筑的单调感觉，加强建筑转角的形体变化往往会达到事半功倍的效果（表2-1）。

（4）构造逻辑的展现处

作为形态的重要节点和构造的重要部位，设计师常有意将转角处的结构暴露出来，通过转角部位的变化使建筑展现出不同的构造逻辑，也使得我们对建筑的构成感知产生巨大的变化。甚至通过建筑的转角处，把面与面之间的交接脱开，以表现建筑作为面构成的概念。这种转角处的改变，从表面看来似乎微不足道，但的确可以使建筑物的外貌焕然一新。这就是转角作为形态节点让建筑的构造逻辑展现出的不同魅力（图2-30）。

图2-30 亚特兰大建筑转角处的楼梯

(a)交叉路口建筑形象

(b)建筑转角

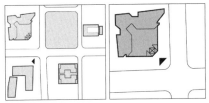

(c)交叉路口平面图　　(d)建筑用地

图2-31　中国银行总行大厦所在交叉路口

(a)交叉路口建筑形象

(b)建筑转角

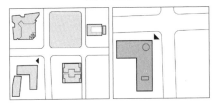

(c)交叉路口平面图　　(d)建筑用地

图2-32　中国光大银行大厦所在交叉路口

（5）建筑与环境的连接处

建筑转角位于建筑的边缘，角部的外凸性使人感觉到它是建筑中与环境关系最紧密的部位。另外，门、窗等建筑构成要素都是二维存在的，而建筑转角的形态是三维的，是塑造建筑整体形态、风格的重点部位。这些都决定了它和环境的关系比其他建筑部位更重要。在一些特定的环境中，尤其是交叉路口空间的建筑转角，这种特点就更加突出了。

2.3.2　作为功能的节点

建筑转角的形态意义源自它的功能和结构意义，建筑的外在形态不过是对其内在功能和秩序的直接反映。建筑的功能属性为建筑创作提供了设计依据和创作基础，给创作带来了制约因素和限定条件，在此基础上用适当的建筑语言来表达，形成实体、形成空间以及形成环境。

转角作为建筑和城市之间的中介元素，是城市功能与建筑功能的过渡。因此交通性空间与公共空间作为功能性节点常常设置于此。一方面，当建筑位于交叉路口时，人流密集，交通复杂，设计常常从交通入手，合理分流和疏导人流，将人流引入建筑内部。因此，为了方便人流的集散，常常将建筑的交通空间设于转角处。另一方面，公共性空间往往都是建筑形态的标志性空间，设在转角处更加有利于形态的表现。如图2-31、图2-32所示，中国银行总行大厦和中国光大银行大厦均位于北京市西城区西长安街与西单北大街十字交叉路口，中国银行总行大厦位于交叉路口西北，中国光大银行位于西南。两个建筑转角处理的手法虽然不同，但转角的建筑功能相同，均作为入口使用，将建筑转角的特殊造型形成的特殊空间用于交通空间与公共空间。

2.3.3　作为结构的节点

转角作为结构体系的节点之一，反映了结构构件之间的联结关系。转角作为各方向应力的汇聚点，往往是结构问题最为集中的局部,也是结构体系中较为薄弱的环节。以建筑抗震为例,转角作为横向体系和竖向体系的交点,是抗震尤其需要注意和加强的部位。传统砖混结构中建筑的转角一般都设有构造柱和圈梁,以共同加强建筑结构的整体性,抵御地震波带来的水平作用力。

转角处结构的加强是一般性的结构规律。有的建筑师会利用转角处结构的特殊性,表现建筑的结构特征。现代建造技术的不断发展,使人们的建筑愿望更易变成一个个生动的实例。如图 2-33、图 2-34 所示是位于北京市朝阳区的区文化馆和北京辉盛阁国际公寓。建于 1996 年的朝阳区文化馆建筑面积为 11000m^2,主要功能为剧场和教室,其在交叉路口也就是建筑转角处挑出异形的室外平台,将平台处的柱子暴露在外;北京辉盛阁国际公寓建于 2008 年,建筑面积为 40000m^2,其转角处首层围护结构向内缩进,露出外围的柱子。两个建筑均选择在建筑转角处作出造型改变,体现了建筑转角作为结构节点的建筑特征,增强了建筑的独特性。

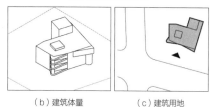
图 2-33 北京市朝阳区文化馆所在交叉路口

由此可见,城市交叉路口建筑群体是城市节点设计的重要内容,对于城市意象、城市记忆以及城市生活起到重要的作用。城市交叉路口建筑是街道空间流畅衔接的重要途径,道路格局、交通组织以及道路的方向性都是交叉路口建筑设计的重要制约因素。城市交叉路口建筑的转角会对建筑的形态、功能以及结构产生重要影响。

这一章解析的是城市交叉路口建筑所处的环境因素。一方面这些因素会对设计的可能性、任意性造成限制,另一方面它们也能激发设计灵感,成为交叉路口建筑设计的特色所在。

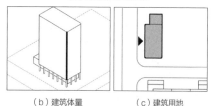
图 2-34 北京辉盛阁国际公寓所在交叉路口

第 3 章
城市交叉路口建筑单体设计

  城市交叉路口建筑的研究，重点在于研究城市建筑与交叉路口环境的契合。这是一个整体概念，它涉及经济、技术、文化等多方面问题。作为建筑设计研究，我们还要经历由单体到群体、由局部到整体、由形态到空间的过程。

  首先，从组成交叉路口的街角入手，从交叉路口建筑单体的角度，对场地布局、转角造型、沿街界面、内部空间等内容进行探讨，寻求特定空间环境中建筑单体的设计对策。其次，挖掘由多个单体组合的群体空间关联与群体形象关联，寻求特定空间环境中建筑群体的设计对策。这个过程不仅是递进的，还是双向制约的。

3.1 建筑场地布局的整体化

建筑师的任何想法，无论是基于环境的启示还是自发生成的，都要纳入场地的脉络，实现场地结构具体化。创造符合交叉路口这个特定时空环境的建筑就是要建立环境与交叉路口建筑均衡、和谐的整体关系。建筑的构思除了要反映建筑内在功能与结构逻辑之外，更重要的是要契合建造的特定环境。通过环境与建筑设计的互动，最终使建筑设计具体化、综合化。由此可见，环境作为建筑设计的基本限制条件和从环境出发进行设计已成为建筑师的基本理念。对场地作深入的分析必将有助于建筑设计思考的深化（图3-1）。

综合众多关于环境的研究，可以将环境按不同层次分为宏观环境、中观环境和微观环境。宏观环境主要指建筑所在地区或城市等宏观角度上的整体特征。中观环境主要指建筑所在地段层面的环境特征。微观环境是指建筑基地本身所具有的具体特征，如基地的地形、地貌和现状条件以及场地内部的空间组织等。由于本章主要从建筑单体的角度研究，因此，主要从中观环境和微观环境层面展开研究。

交叉路口建筑按照建筑的平面布局可分为出隅型街角建筑、入隅型街角建筑和组合型街角建筑。无论哪一种布局方式，都需要充分考虑交叉路口的空间特质、空间环境要素对场地的影响，以及建筑场地布局赋予环境新的秩序和意义（图3-2、图3-3）。

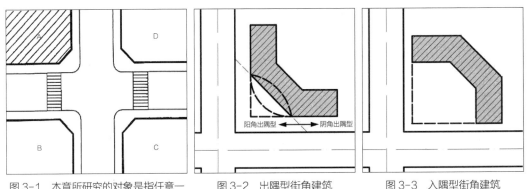

图 3-1 本章所研究的对象是指任意一个街角（A/B/C/D）的建筑

图 3-2 出隅型街角建筑

图 3-3 入隅型街角建筑

3.1.1 出隅型街角建筑的布局

出隅型街角建筑是建筑物在场地当中，通过平面布局使面向交叉路口的墙面呈凸状。出隅型街角建筑根据建筑转角的处理方式可划分为阴角出隅型建筑和阳角出隅型建筑；根据道路交叉的角度可以划分为直角出隅型、锐角出隅型和钝角出隅型。

（1）建筑场地布局

此类街角建筑对于交叉路口空间持有主动性，是该空间环境中的主要景观元素。根据道路的等级、交通流量的大小以及建筑对外部空间规模的要求可以改变切角部分的大小。当建筑的切角足够大时，本身即对交叉路口持有正面性，位置醒目、交通便利，因此可在转角处设置建筑的主入口，是传统交叉路口建筑常常采用的一种入口方式。有些出隅型街角建筑，将建筑沿交叉路口处红线布置，转角处仅满足行车视距即可，而建筑所需的室外空间则沿街道侧移，这样不仅有利于交叉路口处的交通组织，建筑的前庭广场亦有相对独立的完整性。如某些建筑在街道转角处采用低层架空或门廊等方法减小建筑对街道的压迫感。此类建筑多用于相交道路等级相同或相近的交叉路口，对于视线的连续性和空间的围合感要求较高。

瀚海海运仓大厦位于北京市东城区仓夹道与海运仓胡同交叉路口西北角，建于2005年，建筑面积27000m²，主要功能为办公。该建筑为出隅型街角建筑，在街角转角处底层架空，形成入口灰空间门厅，其余沿街立面在低层稍向后退，在一定程度上减少了建筑对街道的压迫感。同时在入口处营造街角花园，使得建筑更加亲人（图3-4）。

还有位于北京市中关村附近的中关村广场PIAZA也是采用了这种建筑转角的处理方式。该建筑位于两条城市支路交汇处，独特的造型和转角处理方式使得该路口看起来更加连续，行人的视线更加通透（图3-5）。

传统的交叉路口建筑多用出隅型。这与城市街道交通量、交通方式有关。城市发展的早期，城市居民较少，密度较低，交通主要以步行与非机动车为主，街道比较窄，建筑容积率较低，建筑前不需要更多的空间就能

（a）交叉路口建筑形象

（b）建筑转角

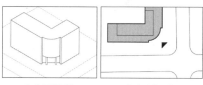

（c）建筑体量　　　（d）建筑用地

图3-4　瀚海海运仓大厦所在交叉路口

（a）交叉路口建筑形象

（b）建筑转角

图3-5　中关村广场PIAZA所在交叉路口

满足行人通过与滞留的要求。

现代多层、高层建筑，有时因为用地面积紧张或造型需要，也采用这种布局方式。这时可采用建筑底部架空或上部悬挑的形式，使建筑底部与街角空间融为一体，成为街角空间的延伸与扩展。同时也是建筑与街道的过渡空间，克服建筑直逼街道的压迫感。

大型的出隅型街角建筑还可以通过"内庭"的引入来缓解交叉路口交通的拥挤，通过空间的开放将建筑与城市更好地融合。如北京朝外 soho 的设计方案。该项目位于朝阳区朝阳门外大街与金桐西街交叉路口的东南角，建筑主要功能为办公和商业。建筑由交叉路口向建筑内部引入了一个"内庭"，这个"内庭"在疏导交通、创造城市空间的同时，也创造了商业建筑渴求的临街面，强化了大型商业中心的共享性城市角色（图 3-6）。

完整形状的建筑布局（如圆形、方形等），是一类特殊的出隅型交叉路口建筑。由于布局形态的完整，削弱了建筑的方向感，加强了建筑的整体感和各个方向视线的一致性（图 3-7）。

（2）场地交通组织

交通组织是场地设计的主题。设计时要充分合理地利用周围的道路及交通设施，以争取便捷的对外交通联系。它的任务是安排人流和车流的路线和流动方式，安排流线进出场地的组织形式以及建筑自身的流线与城市流线交叉的组织问题。

出隅型街角建筑的交通组织一般处于建筑内侧，背离交叉路口的一侧，而城市交通则组织在建筑外侧，面向交叉路口的一侧。这种组织方式便于避免城市交通与建筑交通的混杂，以及人流干扰带来的管理不便。但缺点是对于用地比较紧张的场地，由于前后两个疏散广场（或道路）的存在，将场地一分为二，势必造成场地拥挤。此时，建筑前后两个场地比例的确定成为场地设计的重点。一般场地常见的交通组织有尽端式和环通式两种。采用尽端式可以避免城市交通的穿过，建筑自身的交通独立明确。当场地毗邻两条等级不同的城市干道时，应优先选择次干道一侧作为机动车出入口。对于环通式流线体系常常在两条相交街道分别设置出入口，各流线在

（a）交叉路口建筑形象

（b）交叉路口建筑形成的城市小广场

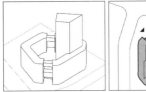

（c）建筑体量　　　（d）建筑用地

图 3-6　朝外 soho 所在交叉路口

（a）交叉路口建筑形象

（c）建筑体量　　　（d）建筑用地

图 3-7　中国海油大厦所在交叉路口

场地中相互贯通,提高了交通效率。按照有关规定,人员密集的建筑场地应至少有两个以上不同方向出入口与城市连通。

建筑交通空间的设置,要根据造型与空间综合考虑。一般情况下,强化转角的出隅型街角建筑,由于转角处交通密集,交通核空间常布置在道路转角处,不仅便于竖向疏散,而且视线开敞,有利于组织景观。弱化转角的出隅型街角建筑,常将交通核布置在建筑内部或沿街道布置,以此减小交通给街道转角带来的压力。

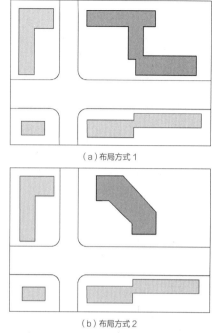

(a)布局方式1

(b)布局方式2

图3-8 入隅型街角建筑的两种布局方式

3.1.2 入隅型街角建筑的布局

入隅型街角建筑在观念上是"引入""纳进"的意思,主要指通过布局的改变使建筑以凹状形态形成开放空间,面向交叉路口。对于交叉路口来说,这种布局形式体现了包容性,易于形成阴角空间,强化了交叉路口的空间围合感,并加强人们的亲切感与归属感,对于视线有收束、聚集的作用。

(1)建筑场地布局

该类型建筑适用于:①交叉路口建筑在功能上需要较大规模的室外开放空间,以满足建筑室外活动或交通流量的需要;②交叉路口空间规划中规定街角处需要一定规模的开放空间;③交叉路口空间环境中其他建筑为入隅型街角建筑,为了形成空间的围合感与界面的连续性;④丁字路口中正对着道路的建筑;⑤等级较高的道路相交,且具有较大的交通量(图3-8)。

入隅型街角建筑形成的开放空间的规模主要由建筑性质来决定。现代建筑,特别是高层建筑,其内部空间容纳大量人流在各层活动,外部空间则承担巨大人流、货流在水平地面的集散。另外有些还应具有其他功能的空间,如绿化空间、休息空间、观赏空间等,因而需要较大面积的室外空间。

一些高层建筑当中,为了形成近人尺度沿街界面的连续感,常常将群房沿街角布置,而将主体部分后退形成入隅型体量,缓解空间压力。既满足在道路上行进的快速交通的视线要求,又使沿人行道慢速行驶的人们感受到亲切宜人的尺度。

(a) 交叉路口建筑形象

(b) 建筑转角

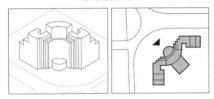

(c) 建筑体量　　　(d) 建筑用地

图 3-9　港澳中心所在交叉路口

图 3-10　某交叉路口建筑综合体

（2）场地交通组织

入隅型街角建筑的场地交通组织主要注意以下两点。首先，确定入口前广场的开放程度。这一点主要根据建筑的性质来确定。公共性越强的建筑，前广场的开放程度越大；人流量越大的建筑，前广场开放程度越大。其次，对于在街道转角处城市设计当中已规划的城市开放空间，入隅型街角建筑应恰当地利用，更好地结合自身的开放空间，既形成亲切宜人的休闲环境，又不影响建筑的正常运行。

当交叉路口受到其他因素影响的时候，应具体分析交叉路口的特征，正确确定建筑的场地布局形态和方向。

港澳中心位于北京市东城区东二环与工人体育场北路交叉路口东南角，建于 1990 年，建筑面积 78000m^2，主要功能为办公和酒店。该建筑为入隅型街角建筑，仅裙房在街角处伸出椭圆形体量，形成入口灰空间。入隅型的建筑布局使得建筑从街角处望去仿佛伸出双臂，围合出室外停车空间（图 3-9）。

3.1.3　组合型街角建筑的布局

组合型街角建筑是指在交叉路口处布置两幢或多幢建筑，通过建筑物之间的组合，或采用底部分体、顶部连体的方法，形成视线的穿透，并将人流引入街坊内部。通过建筑物的体量组合，达到缓解交通压力、创造趣味性空间的目的（图 3-10）。

如纽约曼哈顿区威廉第 100 街上的交叉路口处理，引入了一条可穿行的内街（图 3-11）。海口金盘工业中心设计方案中，也是将交叉路口处的建筑体量打碎，将人流引入街坊内部（图 3-12）。

如果面对交叉点的交叉路口建筑都是同样的处理方法，就会在视觉上形成一条视觉通廊，形成具有一条隐含的轴线关系的特异空间。另外，如果夹着道路面对面地形成同样形态的建筑物，就将形成这条路大门一样的景观效果。

交叉路口的街角用地并不局限于建造建筑物，也可以形成开放式空间。因此，交叉路口建筑的布局要统筹考虑，通过不同的场地布局方式，建立起整个交叉路口空间环境的秩序感。也只有这样，才更加有利于建筑造型的特色化处理。

3.2 建筑转角造型的特色化

如果把交叉路口看作是一个有机体，那么街道就像是基本的骨架，周围的建筑则形成了这个有机体的主要形态和景观特征。因此，特色化的建筑转角造型对交叉路口空间氛围的营造和城市景观的形成，起到举足轻重的作用。

人在观察外界形象的时候，总是按照简约的原则，把复杂的形式经过视觉的加工，舍去一些枝节的、多余的、累赘的和主题无关的细节，而后才能真正认清形态。交叉路口平面构成的特点，使其建筑同时成为多条街道空间上的景观，而建筑的转角部位作为建筑在不同街道上立面的联结点和建筑直接朝向交叉路口空间的部位，对交叉路口建筑形象的创造和空间的形成都有重要的意义（图3-13）。同时，建筑的转角设计也深刻影响着建筑的整体造型设计。因此，对于交叉路口建筑的造型设计，我们以建筑的转角为切入点进行研究。

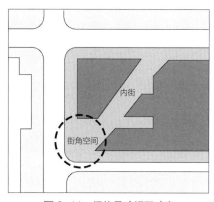

图 3-11 纽约曼哈顿区威廉第 100 街上内街处理

图 3-12 海口金盘工业中心设计方案

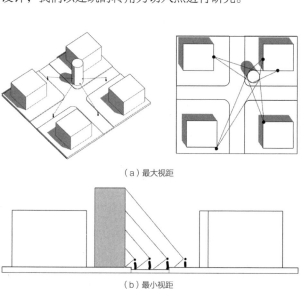

（a）最大视距

（b）最小视距

图3-13 能够看到建筑各个部分的距离范围

3.2.1 强化处理建筑转角，突出建筑形态的标志性

标志性是指建筑在宏观上具有清晰的结构秩序，在具体造型或局部等方面具有鲜明的个性特征，能够在人们的头脑中留下生动持久的印象。建筑转角形态的强化处理就是通过使交叉路口建筑的局部形态成为建筑整体形态中的视觉显著点，起到控制整体的作用。以此增强建筑所处交叉路口空间乃至城市空间的标志性。

对建筑转角形态的强化处理是一个相对概念。它只是相对于整体造型而言。转角部位的形态可能是建筑的一级视觉显著点，也可能是次级视觉显著点。它可能独自承担视觉显著点的角色，也可能和建筑的其他局部形态共同给人造成强烈的视觉印象。

要恰当地应用对建筑转角形态的强化处理。首先要根据建筑的整体造型来进行。当建筑整体造型缺乏特点并趋于单调的时候，建筑的转角处理是一个很好的契机，恰当地强化建筑转角，可增加建筑造型的特点和个性。其次，由于交叉路口环境复杂，街角建筑的关系非常密切，所以要考察该建筑在这个群体空间中将要扮演的角色，以此来确定转角形态的处理"强度"。

强化处理建筑转角的手法多种多样，其主要目的就是要加大建筑转角形态对人的视觉影响，在实际运用当中，设计者多为几种方法综合运用，以达到强化建筑形态的目的。为了清晰地说明问题，本书将强化的基本方法归纳为以下三种途径，即角部独立形体、材料质感的对比和技术逻辑的夸张。

（1）角部独立形体

将建筑的转角部分处理成一个单独的形体，可以使角部形态更加清晰并加强两个不同沿街体量之间的连接关系，在视觉上获得强化的效果，突出建筑本身的形体（图 3-14）。这种手法强调了交叉路口建筑在空间中的标志性，使建筑形体成为交叉路口空间中景观和形象构成的重要手段。如使建筑立面突出屋檐或使女儿墙形成强烈的竖向特征，能够给城市景观中的重点之处造成明显的垂直向的张力，并使建筑在空间中居于显著和醒目的地位。

(a)哈尔滨市某建筑1　　(b)哈尔滨市某建筑2　　(c)中国人寿大厦　　(d)美国费城宾大校园建筑

图3-14　角部独立形体

通过改变角部形体与建筑主体量连接的方式,可以改变角部的独立性。当这个独立体被纳入到建筑的组织秩序之中时,独立体的效果主要取决于它的高度设置,这也是形成生动的建筑轮廓线的大好时机。当这个形体逐渐外移,其平面和立面都突出于建筑体量之外时,独立体在其背景中不断明确且突出,往往成为重要的地标以显示出组织城市结构的节点意象(图3-15)。

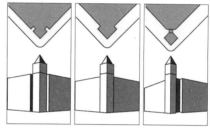

图3-15　角部独立形体的连接方式

建于1996年的中国人寿大厦是位于北京市东城区朝阳门片区的一栋建筑。该交叉路口是由一条主干道朝阳门外大街和一条次干道朝外市场街相交而成。该交叉路口产生的空间行为主要是穿行,而建筑角部玻璃的圆柱体独立于两侧,异常醒目(图3-16)。

中国国旅大厦位于北京市东城区东四南大街和金宝街交会处。该建筑的转角处理也采用了使角部形体独立的方式。角部的圆柱体与两侧错接,并且在高度上高于两侧,更加突出了建筑转角。该建筑主要功能是办公,转角处的功能也是办公(图3-17)。

北京贵友大厦位于北京市朝阳区建国门外大街和东大桥路交会处。这个交叉路口比较特殊,是T形路

   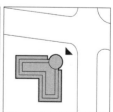

(a)交叉路口建筑形象　　(b)建筑转角　　(c)建筑体量　　(d)建筑用地

图3-16　中国人寿大厦所在交叉路口

口，行人主要产生的空间行为是聚集性行为。该建筑对于转角处的处理是突出圆柱体，从高度和建筑材料、颜色等方面突出角部。角部的圆柱体是整个建筑的最高处，建筑材料采用浅色面板，与两侧深色形成对比。特殊的建筑样式使得该建筑在这个交叉路口更引人注目（图3-18）。

哈尔滨百盛商场位于中央大街与友谊路交叉处。该交叉路口拥有哈尔滨防洪纪念塔景观区的重要场景，有着由沃尔玛超市、华纳影城、数码广场和百盛百货商场组成的大型建筑组群。建筑造型延续中央大街的古典风格，同时融入丰富的现代建筑语汇，将转角部位处理成独立的圆柱形体，并在顶部作了着重处理，融合了古典与现代符号，成为松花江畔新的城市景观（图3-19）。

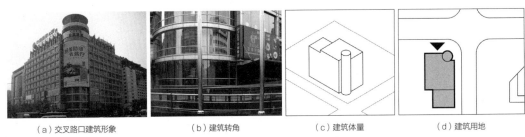

（a）交叉路口建筑形象　　（b）建筑转角　　（c）建筑体量　　（d）建筑用地

图3-17　中国国旅大厦所在交叉路口

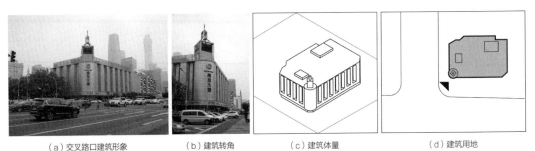

（a）交叉路口建筑形象　　（b）建筑转角　　（c）建筑体量　　（d）建筑用地

图3-18　北京贵友大厦所在交叉路口

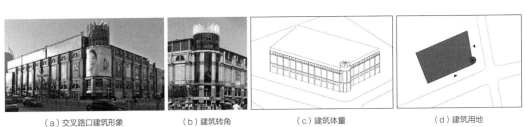

（a）交叉路口建筑形象　　（b）建筑转角　　（c）建筑体量　　（d）建筑用地

图3-19　哈尔滨百盛商场所在交叉路口

除圆柱形独立体外，强化建筑转角的独立体还有许多其他形态。理查德·迈耶（Richard Meier）在美国凤凰城设计的桑德拉戴奥康纳美国联邦法院，独立于形体之外的是一个长方形体量。建筑的交通和辅助用房均在角部集中布置，由于功能上的要求，其建筑材料与其他部位的表面肌理产生强烈的对比（图3-20）。

（2）材料质感的对比

通过材料对比的方法来增大建筑转角形态对人的视觉刺激，是强化建筑转角形态设计中非常普遍的手法。设计者可以通过虚与实、繁与简，材质、肌理、色彩、尺度等方面的对比来实现设计意图。相比于通过形态上的变化来表现转角，材质上的局部变化使得建筑在强调转角的同时也保持了集合的纯粹性和明显的装饰性特征。材质变化的表现力在于细部，这要求建筑师能够精确把握不同材质组合的设计过程和施工过程。

对转角处材质的强调，远可追溯至文艺复兴时期建筑普遍采用的方角石做法，在转角的立面两侧换用尺度相对较大的石材，成为两个立面间的衔接体，简洁地表现角部不同界面的转换，也加强了建筑在视觉上的坚固性和整体性（图3-21、图3-22）。

日本刈谷市产业振兴大厦角部为一个独立出来的圆柱体，但转角处的钢架按照原来的结构形式被保留了下来，并且游离于圆柱体之外，与圆柱体的玻璃表面形成鲜明的对比（图3-23）。

美国亚特兰大税务局角部为了呼应交叉路口而进行了切线处理，但建筑师保留且强化了角部的结构，粗糙的材料与平展的玻璃形成鲜明对比，大大强化了建筑的转角形态（图3-24）。

北京中银大厦转角处划分采用细腻通透的玻璃幕墙与粗犷厚重的混凝土围护界面形成强烈的对比，材质的变化、肌理的反差强化了转角的形态，使简洁的形体发生了戏剧性的变化（图3-25）。

随着材料技术和建筑结构技术的日益进步，当代设计可选用的结构技术日益增多，更多的材质进入设计师的视野。通过这种对比的方法强化建筑转角部位，不仅加强了交叉路口的空间层次感，而且提升了视觉的趣味性。

图3-20　美国桑德拉戴奥康纳美国联邦法院

图3-21　转角材质强调

图3-22　美国纽约某建筑转角材质变化

图3-23　日本产业振兴大厦

图 3-24　美国亚特兰大税务局

图 3-25　北京中银大厦

图 3-26　德国柏林弗雷德里希大街公寓

（3）技术逻辑的夸张

工艺的进步使建筑师不再局限于对转角形态的一般表现，新型技术的出现和结构方式的进步，使得建筑师几乎可以摆脱传统构件的约束，将要素作为独立的构件予以表现。在这样的过程中，转角成为最能体现建造逻辑的节点性部位。

建筑的转角作为结构的节点，从力学的角度上看是建筑结构的主要支撑点之一。巨柱法就是一种极为常见的手法。它在充分利用结构逻辑的基础上进行技术夸张。角柱被处理成数层通高，其巨大的尺度与门窗等小尺度构件形成反差，加之色彩与质感的对比，这种夸张的效果就更加明显。当柱子后面的空间比较小时，表现的重点在柱子的形态上；当柱子后面的空间比较大时，表现柱子的同时还要注意角部所形成的空间形态。这种手法应用于交叉路口建筑的时候，可以减小建筑底部对交叉路口的压迫，更有利于形成多层次的空间。

例如，阿尔多·罗西设计的弗雷德里希大街公寓，建筑的外立面为清水砖，每层还有水平的白色线条。建筑转角部设计了巨型的独立圆柱，与建筑各部分的方形体量的对比，以及超常的尺度和鲜明的色彩使该建筑成为街头一景（图 3-26）。

由镇综合计画事务所设计的日本福冈大学 60 周年纪念馆，建筑的角部被整体挖掉，留下一个独立的角柱支撑上部结构。被挖掉的角部形成了一个入口。为了加强这个入口的标志性，独立的角柱被夸张成一个倒置的圆锥。通过这样的方法，使建筑成为路口极具特色的标志性建筑（图 3-27）。

马里奥·博塔（Mario Botta）设计的瑞士卢加诺的朗西拉 1 号办公楼，基本上为一个完整的立方体建筑，建筑的两侧立面表现出明显的对称性。这是一种发挥框架结构特性的夸张处理手法。同时在角柱后面形成了入口灰空间。博塔还是一个运用材质的高手。该建筑的转角立面上形成了三个层次的肌理，该肌理的尺度介于形体变化和材质变化之间，完善了建筑的形态层次。转角处的图案成为联系两个立面的节点，并在竖向上呈现出节奏性的变化，强化了立面间的连续性和整体性（图 3-28）。

德国汉堡的霍实蒂耶夫北区主楼,其基地位于一个夹角成锐角的 Y 字形交叉口。建筑师把很大精力放在街角的处理上。在转角处,数组线条相交成为锐角,勾画出一个通透的空间。在五层顶上,一个巨大而尖锐的出挑由一根贯通 5 层的柱子支撑,鲜明地表达了建筑的个性(图 3-29)。

综上所述,采用以上的方法加强建筑转角的形态,其最终目的是通过转角的处理来使整个建筑给人留下强烈的视觉印象。这些手法是可以相互结合运用的。交叉路口建筑转角经过强化处理,变得更易于记忆,由于其重要性的加强,可起到标志物的作用,进而增强这个城市的意象。

图 3-27　日本福冈大学 60 周年纪念馆

3.2.2　钝化处理建筑转角,突出建筑形态的连续性

钝化处理指对处在交叉路口的出隅型建筑,其突出的角部很容易与外部环境、交通流线、视线等方面产生冲突,为了缓解这种冲突,常采用弧线、切线、折线、内凹线等方法来弱化其尖锐性。钝化处理是一种做减法的造型手法,通过将建筑的转角作为一个面来处理,使建筑两侧的沿街立面相结合,成为一个整体,共同作为限定城市外部空间的边界。这种处理手法将城市外部空间放到一个比较重要的位置。建筑转角立面能产生更强的方向感和引导性,突出了在交叉路口空间环境中建筑形态的连续性。

首先,钝化处理的程度和方式主要根据交叉路口的人流和车流等环境来确定。在一些车流量比较大、较繁华的城市中心区,要求建筑有较大的退红线距离,建筑转角的钝化程度也相对较大。对于位于次级道路交叉口的建筑转角,虽然也存在人流拥挤的问题,但因问题不是很突出,钝化程度就可以相对弱一些。其次,钝化的程度还要综合考虑建筑的用地、造型、功能等多方面的要素。本体的需要也直接影响到钝化处理的手法(图 3-30)。

(1) 外弧形转角

外弧形转角可以减弱角部的尖锐感,使两侧街道相邻界面的连续性和整体感得到加强。曲线所表现出来的柔和的轮廓弱化了建筑转角与所处环境的冲突。视线在转角处轻易地滑向两边,角的印象便不明显了。与此同时,曲线的引入也增加了建筑的细部,建筑由清晰明确

图 3-28　瑞士卢加诺的朗西拉 1 号办公楼

图 3-29　德国汉堡的霍实蒂耶夫北区主楼

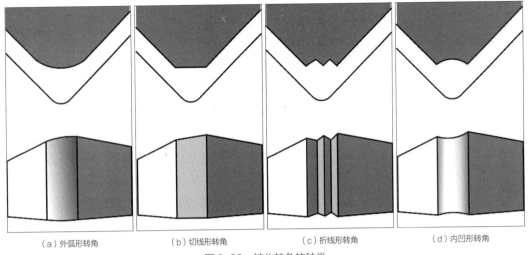

图 3-30 钝化转角的种类

的几何形体变成有微妙细节变化的形体。建筑在保持了形态上的连续性和完整性的同时，也取得了建筑形体和城市空间的平衡关系。

对于形体比较低矮的建筑，转角曲面的参与有利于加强建筑体量的横向趋势，这样的手段往往和建筑的横向条窗、横向遮阳板一起使用，以强调建筑水平延伸的趋势。

外弧形转角的处理，圆的外径是非常重要的，它直接影响到建筑外部造型和内部空间的使用。大型公共建筑有时会采用一个较大的半径，这种处理方法恰好在这个圆弧角的外部构成了一个广场，可以作为人流疏散的空间。为了加强角部入口的特征，还有一些手法，如增加高耸物或柱廊等。当把曲线应用到整个建筑上时，在一定意义上角就不存在了。

外弧形转角与建筑立面有两种结合方式：平接式和错接式。

1）平接式

平接式是一种面的处理方式。过渡自然，弧面的处理一般与两边的墙面相同，形成很强的界面连续性。这种方式对弧面的开窗方式、材质运用、比例划分等细节要求比较高。细部设置可以沿着曲线从一个街面转向另一个街面，重复或产生韵律变化。作为一种转角类型，它与那种有着雕刻线脚的窗户的搭配极为有效，多适用于具有传统风格的建筑物（图 3-31~图 3-34）。

(a)交叉路口建筑形象　　(b)建筑转角　　(c)建筑体量　　(d)建筑用地

图3-31　北京金融街购物中心所在交叉路口

(a)交叉路口建筑形象　　(b)建筑转角　　(c)建筑体量　　(d)建筑用地

图3-32　北京乐天银泰百货所在交叉路口

(a)交叉路口建筑形象　　(b)建筑转角　　(c)建筑体量　　(d)建筑用地

图3-33　北京紫光国际交流中心所在交叉路口

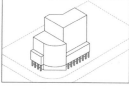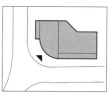

(a)交叉路口建筑形象　　(b)建筑转角　　(c)建筑体量　　(d)建筑用地

图3-34　北京联合大厦所在交叉路口

2）错接式

错接式是通过将转角的弧面与墙面错开交接，或在材质或立面划分上形成鲜明的对比，使造型的立体感和雕塑感加强。这种类型可以明确地强调角部自身的重要性，插入的建筑界面可以明显地区别于另外两个沿街立面。这种元素最好是从地面一直延续到檐口，并通过进退使其明显不同于相邻的街面元素。沿着转角运用飞檐和线脚可以使相邻的立面连续起来。建筑在街角处采用半圆形的造型，弧形墙面向后退缩，与两边的实墙形成明显的层次关系，在减少庞大体量的同时，也丰富了路口处的景观。此种方法多适用于现代建筑（图3-35~图3-38）。

（2）切线形转角

切线形转角与外弧形转角的应用原理相类似。出于造型或体量上的原因，将凸角沿斜线方向切去，即切线

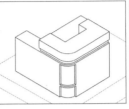

（a）交叉路口建筑形象　　　　（b）建筑转角　　　　（c）建筑体量　　　　（d）建筑用地

图3-35　北京中国华融大厦所在交叉路口

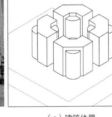
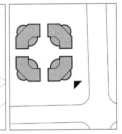

（a）交叉路口建筑形象　　　　（b）建筑转角　　　　（c）建筑体量　　　　（d）建筑用地

图3-36　北京安永大楼所在交叉路口

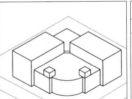
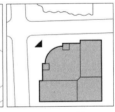

（a）交叉路口建筑形象　　　　（b）建筑转角　　　　（c）建筑体量　　　　（d）建筑用地

图3-37　北京新东安办公大楼1号楼

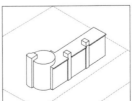
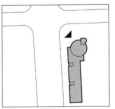

（a）交叉路口建筑形象　　　　（b）建筑转角　　　　（c）建筑体量　　　　（d）建筑用地

图3-38　北京方正集团大厦所在交叉路口

形转角。切角式的交叉路口建筑的立面整体性和连续性都比较强,过渡流畅,使交叉口建筑有较强的向心性;有利于满足机动车的视线要求,而且解决了转角处设置商店橱窗或入口的困难。相对于外弧形转角,这种做法的建筑边界清晰,更易于削弱巨大建筑的体量感。但切角的形态容易流于简单、僵化,因此需要在立面划分、开窗、材质等方面加以丰富。

例如位于北京市西城区金融大街与金城坊街交叉路口西北角的威斯汀酒店,建于 2006 年,建筑面积 70000m^2。其建筑转角处理手法为钝化处理,在交叉路口处沿斜线切去凸角,形成切线形转角。同时交叉路口处三个立面均采用石材和玻璃材质,立面处理手法一致,使得建筑在交叉路口处立面的整体性和连续性增强(图 3-39)。

航天金融大厦位于北京市西城区平安里西大街和赵登禹路交叉路口西北角,主要建筑功能为办公。其建筑转角处理手法为出隅钝化,但与威斯汀酒店不同的是,它在沿斜线切去凸角,形成切线形转角的基础上,又与弧线造型结合,形成建筑门厅空间。较单纯的切线形转角来说,其建筑立面造型更为丰富,入口引导性更强(图 3-40)。

   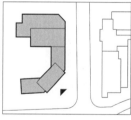

(a)交叉路口建筑形象　　(b)建筑转角　　(c)建筑体量　　(d)建筑用地

图 3-39　北京威斯汀酒店所在交叉路口

   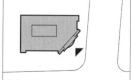

(a)交叉路口建筑形象　　(b)建筑转角　　(c)建筑体量　　(d)建筑用地

图 3-40　北京航天金融大厦所在交叉路口

新时代大厦位于北京市西城区平安里西大街与西直门南小街交叉路口西南角，建于1996年，建筑面积42000m²，主要建筑功能为办公。其建筑转角处理手法也为钝化处理，但与威斯汀酒店不同的是，它只是在近人尺度将建筑转角进行切线形处理，在建筑上部仍保持直角转角。该做法不仅未破坏建筑立面在转角处的延续性，而且使得建筑立面阴影丰富，体量感强（图3-41）。

新保利大厦位于北京市东城区东二环与东四十条交叉路口西南角，建于2006年，建筑面积18800m²，主要建筑功能为办公。建筑整体呈三角形平面布局，斜边切线面向交叉路口，与此同时其面向街角的建筑立面采用大块玻璃材质，几乎为透明界面，内部整体通高，在建筑外部可清晰看到建筑内部（图3-42）。

现代建筑当中，交叉路口采用切线做法的建筑非常多，相对于外弧形转角的做法，切线法更简洁，更能够突出建筑转角部位的明确性（图3-43~图3-45）。还可以通过虚实对比、分段式、退台等多种辅助手法使转角部位得到强化（图3-46~图3-48）。

（3）折线形转角

折线形转角是指在建筑的转角处重复某一母题，打破形态的单调性，成为转角与立面间的过渡。建筑师通

  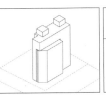 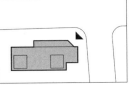

（a）交叉路口建筑形象　　（b）建筑转角　　（c）建筑体量　　（d）建筑用地

图3-41　北京新时代大厦所在交叉路口

   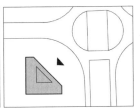

（a）交叉路口建筑形象　　（b）建筑转角　　（c）建筑体量　　（d）建筑用地

图3-42　北京新保利大厦所在交叉路口

图3-43 北京中海大厦

图3-44 北京某办公大楼

图3-45 美国波士顿某办公建筑

图3-46 北京华夏银行

图3-47 北京东方银座宾馆

图3-48 美国费城某办公楼

过将转角处的造型元素形成节奏式的秩序，让观者感受到连续的、难以忘怀的形象，强化了转角处的秩序性和整体性。如同音乐作品中以各种变奏形式出现的主题一样，令人难忘。建筑在转角处的折线可以表现为多种方式：可以是形体上的变化，也可以是构件的变化；可以是水平方向的变化，也可以是竖直方向的变化。

1）水平方向节奏

某些建筑在角部形成水平方向的节奏，转角向后退界，形成重复性的锯齿状母题，减小了高层建筑对城市的压迫感，体现了对城市的尊重。转角处的锯齿状平面

(a)交叉路口建筑形象　　　　　　(a)交叉路口建筑形象　　　　　　(a)交叉路口建筑形象

(b)建筑转角水平节奏　　　　　　(b)建筑转角水平节奏　　　　　　(b)建筑转角水平节奏

图3-49　北京富凯大厦　　　　　图3-50　美国纽约川普大厦　　　　图3-51　美国亚特兰大CNN总部

产生的竖向语言增强了转角部位的光影变换，在视觉上造成竖向的动势（图3-49~图3-51）。

2）竖直方向节奏

某些建筑的角部形成竖直方向的变化，打破平面的封闭性，形成建筑形态上的节奏，使人在交叉路口仰望时，感受到建筑的韵律感和动态感。立面上的构件或建筑形态不断重复，形成的切角面，呼应了城市各个方向上的景观（图3-52、图3-53）。

（4）内凹形转角

内凹形转角是将建筑转角钝化的一种特殊方式，是指将转角处的空间内凹，形成负空间，多用于入口空间或广场空间，作为建筑空间和城市空间的过渡区域。这种处理手法不但有利于节点空间的塑造，减少了交叉路口空间的压迫感，而且加大了建筑面向交叉路口的立面，加强了交叉路口空间的围合感。这里所指的建筑转角不再局限于两个立面之间的转角形态，更确切地是指建筑在城市尺度下的转角。另外，凹角的处理方法还可

(a)交叉路口建筑形象　　　　(a)交叉路口建筑形象

(b)建筑转角垂直节奏　　　　(b)建筑转角垂直节奏

图 3-52　北京启迪科技大厦　　图 3-53　美国费城酒店建筑

以避免锐角对室内的不利影响（这里所谈的内凹形转角指的是出隅型街角建筑的转角处理手法，不包括入隅型街角建筑）。

中汇广场位于北京市东城区东二环与东四十条交叉路口西北角，建于 2006 年，建筑面积 12.5 万 m^2，主要建筑功能为商业和办公。该建筑在转角处采用钝化手法，通过内凹形转角形成建筑入口空间，增强了建筑在交叉路口的围合感，有利于对人流的汇集与引导（图 3-54）。

保利剧院位于北京市东城区东二环与工人体育场北路交叉路口东北角，建于 2000 年，建筑面积 7500m^2，主要建筑功能为剧院、酒店和办公。该建筑在转角处采用出隅钝化手法，也采用了内凹形转角，削弱了其圆形建筑平面布局对交叉路口的压迫感，同时营造了向心性的建筑入口广场空间（图 3-55）。

除了常见的曲线式内凹形转角外，还有直线式内凹形转角。位于北京市海淀区学院路与志新路交

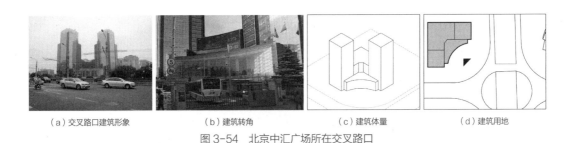

(a) 交叉路口建筑形象　　(b) 建筑转角　　(c) 建筑体量　　(d) 建筑用地

图 3-54　北京中汇广场所在交叉路口

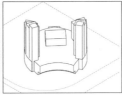
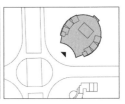

(a) 交叉路口建筑形象　　(b) 建筑转角　　(c) 建筑体量　　(d) 建筑用地

图 3-55　北京保利剧院所在交叉路口

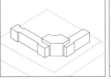

(a) 交叉路口建筑形象　　(b) 建筑转角　　(c) 建筑体量　　(d) 建筑用地

图 3-56　北京中油宾馆所在交叉路口

叉路口东北角的北京中油宾馆（原北京梦溪宾馆），其建筑转角采用的就是直线式内凹形转角处理手法。它相较于曲线式内凹形转角，不仅保持了建筑对其入口外广场的围合感，更是多了几分庄严大气的味道（图 3-56）。

3.2.3　虚化处理建筑转角，突出建筑形态的融合性

建筑与环境结合，一种重要的方法就是使两者形成相互咬接或渗透的关系。虚化处理就是通过将建筑转角部位形体的材质、体量进行变化的方法使建筑与城市在空间上形成一定的互动关系，且形成一种动态趋势。从建筑本体的角度讲，这种方法可以使建筑具有更丰富的体量变化，具有更吸引人的造型特色；从城市的角度来讲，这种方法能使街角建筑更好地呼应交叉路口，一定程度上减少了视线的遮挡，创造了趣味性空间，使建筑与环境达到更好的共融（图 3-57）。

（1）利用材质虚化

通透性的材料主要应用在建筑体量的交接处或交通空间处。因此，利用玻璃等透明材质的特殊属性虚化建筑转角，是一种非常恰当又可行的办法。它们使建筑角部若隐若现，不仅弱化了建筑对街道空间的压迫感，而且强化了建筑内外空间的交流感。

柏林大街的 CDU 大楼主要使用功能位于中心的纺锤形体量中，连贯的水平木材饰面加强了建筑的实体感。纺锤形的对称轴与街道转角的中线有轻微的偏转，使两层皮中的四个方向上的庭院的形状略有不同。两者之间的通高庭院中种植了许多绿色植物。外墙的玻璃幕和玻璃屋顶让视线通透，也便于植物更好地生长，而且增加了转角处的视域和透明度。建筑既显示出对城市空间的占有、对街道边界的清晰限定，又显示出一种忍让（图 3-58）。

（2）利用体量虚化

体量虚化是指通过改变建筑的体量组合关系达到建筑空间与城市空间的融合。

1）悬挑与架空

建筑转角作为结构的节点，从力学的角度上分析，是建筑结构的主要支撑点之一，反映在形态上，封闭厚重时利于人们产生视觉上的安全感。然而，富有怀疑精神的建筑师往往不满足于和谐统一的形态带来的安定感，他们试图突破传统的结构规律，通过在转角处对重力的挑战建立起新的秩序。建筑底部架空的形式，使其与街角空间融为一体，成为交叉路口空间的延伸与扩展，同时也是建筑与街道的过渡空间，弱化了建筑对街道的压迫感。从视觉心理的角度，人们总是把形体上的突出物当作图形，而把其他部分当作起衬托作用的底。悬挑的手法正是对这一原理的运用，以此来达到突出角部的目的。

彼得·艾森曼（Peter Eisenman）设计的某街角住宅，其转角部位的墙面在下面几层向内略作偏移，使上面形成悬挑之势，这一移一挑使角部变得简单朴素又富有动感。建筑的形体变化带来了独特的角部形象，塑造了街角建筑的标志性。在这里可以看到建筑师在角部对材质、色彩及其他细节上所作的特殊处理（图 3-59）。

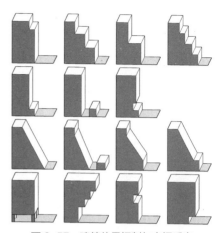

图 3-57 建筑体量切割与空间呼应

图 3-58 柏林大街 CDU 大楼

图 3-59 某街角住宅

纽约麦迪逊大道建筑在面对交叉路口的转角部位，将近人尺度架空，上部悬挑，并在正对转角处设置了红色雕塑，引导人流进入。建筑既在底部为城市退让，又强化了入口空间，可谓一举多得（图 3-60）。

除了底层架空、悬挑，某些现代建筑还通过柱子的支撑达到空间渗透、呼应交叉路口的作用，不仅丰富了建筑形态，而且丰富了交叉路口的空间层次（图 3-61~图 3-63）。

2）退台与裙房

退台和裙房也是虚化空间的手段。通过使建筑上部空间的后退，形成建筑与城市空间的咬合，以达到空间渗透的目的。在某些情况下，交叉路口空间的沿街建筑有限制高度的要求，通过退台或裙房的方法可以协调景观与容积率的矛盾。

退台的手法常用于多层临街建筑。在很多情况下，某些转角建筑高度超过规定要求的高度，此时超过的部分可作退台处理。根据人眼的视角范围，当退台建筑的剖面斜线和视觉控制法线相叠合的时候，人们对于建筑高度的感受源自开始退台的那一层的檐口。这样不仅满足了街道的比例要求，而且也丰富了建筑造型。

裙房的手法常用于高层建筑。随着城市发展，城市中的高层越来越多，在交叉路口也不乏其数。如果要保持交叉路口空间的完整，必须将高、低建筑元素的边界分别加以界定。这时，可以采用"主体 + 裙房"的

（a）悬挑架空

（b）转角雕塑

图 3-60 美国纽约麦迪逊大道建筑

图3-61　哈尔滨中央大街银行　　图3-62　香港某建筑　　图3-63　北京汉威大厦

形式，可将高层建筑主体适当后退，而裙房沿街修建，底层的裙房为街道层面的公共活动领域的界面，丰富街道景观；高层退缩，以满足建筑对容积率等各方面利益的要求。低层建筑边界满足形成城市外部活动空间的需要，高层边界则为建筑提供自身形象和城市标志性景观（图3-64、图3-65）。

3）斜面

倾斜的面也是一种虚化空间的手法。不同于前两种手法与空间的咬接关系，这种手法在使建筑产生动势的同时，也令城市空间在竖向上产生方向感。这种互动的趋势形成了空间的渗透。斜面建筑不仅为市民提供了丰富的空间享受，而且满足了建筑多元化、个性化的要求。

  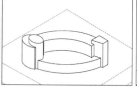 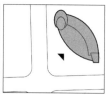

（a）交叉路口建筑形象　　（b）建筑转角　　（c）建筑体量　　（d）建筑用地

图3-64　北京东升大厦所在交叉路口

  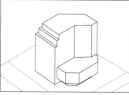 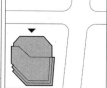

（a）交叉路口建筑形象　　（b）建筑转角　　（c）建筑体量　　（d）建筑用地

图3-65　中国移动公司所在交叉路口

倾斜的墙体具有流动感和方向感，若与平直的墙穿插组合，更能形成对比强烈的图形效果。此外，结构主义建筑更是运用了墙体的分离、斜交等组合关系，创造出充满动感的空间效果，丰富了外部的空间造型与内部的空间组合，令人耳目一新。

斜面形态建筑的基本类型如图 3-66 所示。其中包括：①由相同进深的建筑单元排列的单面斜面建筑；②由不同进深的建筑单元错层重叠排列的单面斜面建筑；③由相同进深的建筑单元相错层重叠排列成双斜面建筑；④由不同进深的建筑单元相错排列成双斜面建筑；⑤由多面围合成锥、漏斗形等形式。

北京天恒大厦位于城市道路交叉口，建筑的角部被设计成倾斜的切面，深灰色石材墙面具有厚重的实体效果，与其他部分的玻璃幕墙形成强烈的对比，倾斜的墙面使建筑形成明确的方向性和生动的视觉效果（图 3-67）。

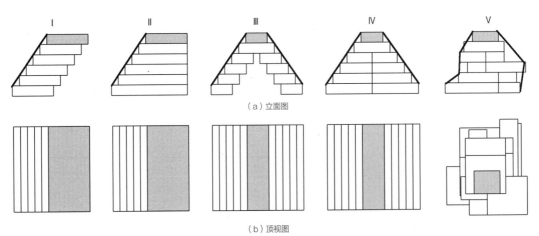

图 3-66　斜面形态建筑基本类型

图 3-67　北京天恒大厦所在交叉路口

   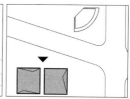

（a）交叉路口建筑形象　　　（b）建筑转角　　　（c）建筑体量　　　（d）建筑用地

图3-68　北京渣打大厦所在交叉路口

渣打大厦位于北京市朝阳区东三环北路和朝阳门交叉路口西南角，建于2009年，面积约21万 m^2，主要功能为办公。与天恒大厦不同的是，该建筑的临界立面上某一点向内偏移，使得单个临街立面形成三个斜面，通体的玻璃幕墙反射出不同角度交叉路口的形象，增加了交叉路口建筑的活泼性（图3-68）。

（3）利用布局虚化

退让是一种特殊的虚化处理。它采用改变建筑在场地内布局的方法，使街角形成一定的入隅空间，这个空间既为建筑所用，也同时服务于城市，成为建筑与城市的共享空间。这种方法不仅加强了建筑的活力，营造了活跃的人气氛围，而且为城市创造了可供活动的开放空间。但这种做法多使建筑形成一定的围合态势，收揽目光，聚集人流（而出隅建筑的主要作用是转换目光、疏导人流），因此在应用的时候，要根据交叉路口主要的车流方向与建筑位置的相对关系，以及该建筑的用地范围等情况而定。在建筑日趋拥挤、生活节奏越来越快的现代都市，虚化的手法更能增加交叉路口空间的吸引力和人性化情调，给人舒心的感受。

在实际设计当中，虚化常常和其他手法结合在一起使用，这是现代建筑中常见的做法，有效地解决了转角处人流拥挤的问题，形成建筑与城市共享的灰空间，同时成为建筑造型的一种有效手段。

3.2.4　创新形式的叠加，突出建筑形态的创新性

"设计是具有个性的，属于设计人的。这里既有设计人的意向，也有建筑物自身限于设计而'存在'着的愿望。"

——路易斯·康（Louis Kahn）

图 3-69　美国大雾山盖特林堡小镇主题店

图 3-70　法国奥尔良地区文化局

图 3-71　荷兰国民人寿保险公司大楼

建筑设计应该是发现与创造相结合即理性与感性相结合的过程。如果只注重理性，一味地局限于现有条件，必然被制约因素所束缚；如果一味追求感性创造，而忽视了对真实环境的发现与挖掘，势必导致建筑缺乏场所感。

交叉路口建筑的转角区往往是建筑与城市空间的关系最密切点和最富表现力的局部。无论是严谨理智的建筑形态，还是夸张怪诞的形象塑造，转角都是建筑师表达立意的关键部位（图3-69）。建筑师常常抛弃传统意义的建筑转角，将建筑形态强化的手段以及各种创新的形式进行叠加，使越来越多的设计作品更具有时代特色。这种叠加体现出的是多元拼贴的特征。在这里，建筑师试图打破形态原有的秩序，从而对体量重组，形成新的体量体系。叠加的形态要素完全脱离了原来固有的内涵，被极端偶然化了，这种形态所反映出来的偶然性带来了解读的模糊性、释义的多种可能性。

例如，法国奥尔良地区文化局的阴角部分朝向街道。在这里，角部已经不再是传统意义上的角部，它变成了一个具有运动性的突出物，层层叠叠又各具姿态。这是这幢建筑乃至这个区域最富有特色的建筑形象（图3-70）。

建筑师弗兰克·盖里（Frank Gehry）在荷兰国民人寿保险公司大楼的转角部位设计了一对塔楼，其中一个塔楼为实体，另一个为纤细的玻璃体，虚与实形成强烈的对比，创造了一个戏剧性的视觉焦点。双塔如同公共雕塑一般，成为区域的焦点；又仿佛一对正在表演的舞者，给人以无限遐想（图3-71）。

建筑师哥特弗里德·玻姆（Gottfried Bohm）设计的德国科隆西德公共广播公司新建筑，其角部各层自由旋转，上部矩形体量悬挑错动，形成活跃的角部造型，非常符合该建筑的商业特征（图3-72）。

另外，当交叉的两条道路等级相差悬殊，主要强调一个方向的连续性，或建筑退红线很多，给城市造成的压力较小，或建筑造型主要突出整体形态的纯净与简洁，或建筑本身已经很丰富不必再对转角作特殊处理时，可以淡化处理建筑转角。这种设计理念认为，面与面交接于一根不施装扮的垂直线是最令人爽快的交接方式。这种方法不对建筑转角刻意地强调，只使两个面自然交接，给人以平静的感受，反映出建筑的整体性与体量感。

特定的场所环境，给建筑转角带来了更富有想象力的处理方法。越来越多的优秀建筑作品和著名建筑师的实践告诉我们：成功的场所塑造是一条发现与创造相结合的道路。深入发掘环境的场所精神，在创作中将这些因素纳入考虑，最终可以达到建筑与生活的完美融合。

图 3-72　德国科隆西德公共广播公司新建筑

3.3　建筑沿街界面的导向化

场所在某种程度上可以说就是"空间 + 多元界面"构成的，界面的复合特征在场所氛围或"场所精神"的构建中是十分重要的因素。场所精神是由空间元素和建筑界面共同构成的一个空间事件，相同的空间布局会因具体的空间界面的不同而产生不同的空间特征。当界面元素之间发生关联，形成场所，并产生局部与整体之间的对话，也就获得了某种精神的意义。

交叉口空间由地面与周围建筑的立面共同围合而成，因此立面既是建筑的外表面，同时又是所围合空间的界面。界面分割内外两个空间领域，同时又决定了两个领域在此相联系的形式和状况。这个界面的形态不仅决定了建筑的室内空间形态，而且直接影响交叉路口空间的特征和感受，是人们对路口空间景观认识的主要因素。因此界面特征在场所氛围的营造中扮演着重要的角色。

处于交叉路口的建筑界面区别于其他环境中建筑立面的重要特点之一就是它的导向性。由于建筑所处的特殊地理位置，以及其道路格局与交通组织，起到空间围合与界定的建筑立面应该表现出一种向背趋势，这种向背趋势应当与交叉路口空间人们的主要观察视线以及主要运动流线具有一定的呼应关系，对处在这个特定环境中的人们在视觉上和知觉上都能起到一定的引导作用。因此可以说，导向性是交叉路口建筑界面的主要属性之一。

3.3.1 对于视线的引导

交叉路口是视线汇聚的地方。一座交叉路口建筑往往要应对数条观察视线,应当对来自不同方向的视线都有所呼应。但是由于相交道路等级的不同和交汇方式的不同,观察还具有主导方向和次要方向。以十字路口为例,相交道路等级相同,则四个街角具有相似的层次属性,街角建筑要同时考虑对处在交叉路口空间人流的延续视线及转折视线的引导。当相交道路等级相差悬殊的时候,主要道路上的观察视线起主导作用,在这种情况下,应主要考虑高等级道路建筑沿街界面的延续性引导,淡化次要道路对主要街道空间所产生的割裂感。

(1)延续向度

"格式塔"心理学指出,人们通过视觉感知物体的完整形象是经过了视知觉进行积极组织和活动的结果,是一种具有高度组织水平的知觉整体。同样,人们对街道空间界面的"完形"的感知也离不开这种视知觉的引导。交叉路口建筑的整体性与空间界面的连续性密切相关,界面上太多的开口、形状高度的剧烈变化,均会削弱空间的整体感。

立面的连续性是指不同建筑立面之间在材料、高度、墙面洞口的大小和开洞方式,以及构图的水平或垂直动势等方面的相互呼应,使彼此能和谐地共处于一个整体环境之中,并一起加强所围合空间的特征。虽然它们属于不同的建筑,但也都是交叉路口空间整体中不可缺少的一部分。因而各个立面之间形态的延续是保证交叉路口空间特征完整统一的必要条件。

在没有交叉出现的道路上,空间和沿街立面是连续的,当它与另外一条道路相交时,连续的空间被打断,沿街立面上也出现较大的开口,街道的连续性和整体性不可避免地被削弱。所以,在必要的时候,通过界面的处理修补这种延续性就变得十分重要(图3-73)。

1)平面布局的延续

交叉路口两侧建筑退红线的距离不能过大,空间的围合方式应具有一定的相似性,以此增强整体结构的完整性。当人眼从一处扫视到另一处时,视线应该是顺进的,而不应该有过大的跳跃。

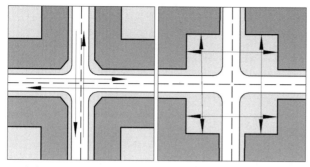

(a) 出隅型街角建筑的界面延伸　　(b) 入隅型街角建筑的界面延伸

图 3-73　延续向度

2）尺度划分的延续

尺度划分的延续包括垂直和水平两个方向。垂直方向的尺度划分会使建筑产生强烈的韵律感，水平方向的划分使街道具有更加流畅的感觉。

3）屋顶轮廓的延续

屋顶轮廓是建筑界面一个突出的视觉特征。屋顶连续表现在屋顶高度与屋顶形状两个方面的延续。高矮相近、形状类似的屋顶轮廓必然会带来界面的延续感；当高矮悬殊、形状迥异时，必然丧失界面的整体连续性。

4）构成元件的延续

建筑立面由许多基本元素构成，可以在一些基本的造型母题上作一些变化，使整个群体各具特色并且能捕捉到同一母体的隐性特征，为建筑序列实现整体性提供有效手段。如檐口线、独特的装饰母题，以及虚实体量的对比等，都是极能抓住视线的因素，如不断重现，可达到事半功倍的效果。

5）色彩与材质的延续

在不同的建筑表面，有许多相同的构成素材，如色彩、材料、质感、线脚、门洞等。这些素材以一定的方式重现，将有效地表现界面的延续感。

另外，交叉路口建筑的形成往往是有先后的，已有建筑的外观也时常变换，因此，交叉路口的建筑形象和街道景观没有永恒的定式，而是一个不断发展变换的过程。但这些变迁都受到某种内在因素的制约，是有理可循的。这种制约因素是由交叉路口所处的具体城市区段、所具有的具体城市功能及在城市发展中形成的特定城市文脉共同决定的，并通过建筑的具体形态表现出来。我们在进行建筑设计时应充分了解和把握交叉路口原有的城市空间的形态特征及周围建筑的特点，使所设计的建筑在形式、风格上都与原有城市环境相一致，以保持建筑立面的连续性，并使交叉路口的原有空间特色得以延续和发展。

（2）转折向度

当道路相交后，交叉路口各地块的建筑会有两个临街的立面，这两个面之间有必要保持一定的连续性。由于各条道路在城市中的功能定位不同，交叉路口两边的街道空间形态往往有所不同。这时交叉路口建筑的界面就担负着调和差异的任务。它们就像街道空间的"连接键"，如果界面形态处理得好，街道空间就可以很自然地转换，不使人产生唐突之感。此外，交叉路口也是各种流线的转折点，如果交叉路口建筑的两个界面衔接得清楚、顺畅，将有利于人们转换方向（图3-74）。

交叉路口建筑通过各自的立面共同界定一个空间，建筑立面在空间的形成中起到了边界的作用，因此要使交叉路口的空间完整，在建筑形态处理时就应保证限定空间的边界的完整。

例如詹姆士·斯特林（James Stirling）在俄罗斯高尔基大街一幢街角建筑的设计中，就是通过完整空间的边界改善了原来的路口空间形态。建筑的基地紧邻街道和交叉口，周围都是多层建筑，沿街立面连续统一，但基地内的一个多层车库无论是立面形式还是建筑的边界形状，都与原有环境格格不入，造成路口和街道上的城市外部空间零乱而无序。设计师将改善城市的外部空

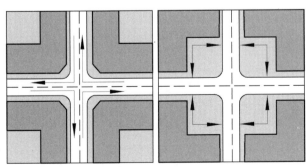

（a）出隅型街角建筑的界面转折　　（b）入隅型街角建筑的界面转折

图3-74　转折向度

间形态作为设计的着手点,他依据周围的城市文脉,沿着街道设计了一条长长的立面,将与环境相冲突的车库围合住,并与原有建筑立面相连,重新限定了一个完整的空间边界,使街道转角的两个界面顺利过渡,从而让街道空间形态明确而完整(图3-75)。

总之,对界面的感知,不只是基于位置变化,同时也是一种心理的驱使,使人的认知结构发生相应的心理映射,通过客体诱因,形成主体的意象感知。

(a)交叉路口建筑形象

3.3.2 对于运动的引导

交叉路口是一个动态的环境,人们要在这里选择继续前进的方向。建筑作为空间实体元素,必然担负着对运动的引导作用。但不同的交通工具和交通速度使人对界面的视觉感受有所不同,因此衡量的尺度也有所不同。

(1)运动速率与界面

不同的运动速率观察到的界面要素是不同的,因此要分别考虑车行与步行情况下的界面构成。

1)对于车行的考虑

当观察者处于快速移动状态下时,景观规划要求具有"势"。哈密尔顿(Hamicton)和瑟斯顿(Thurstone)做过关于高速运动时人们的视觉感知方式的研究。他们从视觉原理中导出五条定理:①当车速增加时集中注意力增加;②当车速增加时注意焦点引向远方;③当车速增加时视野缩小;④当车速增加时前景细部开始模糊;⑤当车速增加时感觉变得迟钝。根据这些特点,城市干道交叉路口空间的景观设计,应强调建筑物的体量关系,强调外轮廓线阴影效果及色彩的可识别性,使城市街道景观具有其自身的显著特点,创造一种整体的环境氛围(表3-1、表3-2)。

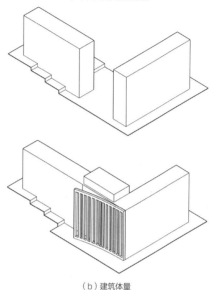

(b)建筑体量

图3-75 俄罗斯高尔基大街行政办公楼及银行大厦

驾驶员前方视野能清晰辨认的距离   表3-1

车速(km/h)	60	80	100	120	140
前方视野中能清晰辨认的距离(m)	370	500	660	820	1000
前方视野中能清晰辨认的物体尺寸(cm)	110	150	200	250	300

不同车速下辨认路边景物的最小距离　　　　　　　　　　表 3-2

车速（km/h）	20	40	60	80	100
最小距离（m）	1.71	3.39	5.09	6.79	8.50

2）对于自行车和人行的考虑

当观赏者处于慢速状态下时，景观的规划设计重点应放在"形"的刻画与处理上。由于此时人们对景观的审视时间较长，要求步行空间的景物应有一定的耐视性，所以建筑物的细部就显得很重要。步行者一般离建筑物较近，加上人的视觉特点，建筑物底层立面的处理应做到精、细、深，满足行人的视觉要求。除此之外，路体本身的形象设计，绿化植物的选择与造型，道路构筑物的形态与色彩，场所的可识别性、可记忆性的强调，甚至道路的铺装、台阶、路缘石等，均应仔细推敲、精心设计。

在慢速状态下，人们的审美需求和文化感悟也将起到重要的作用。欣赏的表层是人对建筑形态的形、光、色等视觉要素的初步分辨与基本感受，是比较模糊的、直接的情感反应；欣赏的深层是"知其所以然"的阶段。人不仅能欣赏建筑本身的形式美，同时还能从这些形式中感受到某些气氛、意境，甚至对其风格、设计意图及文化历史背景等深入了解。交叉路口由于信号灯的干预，多数情况下的运动处于慢速状态，因此，在这个状态下的设计要点应该备受重视。

（2）运动主体与界面

这里不同运动主体有两层含义。其一，交叉路口是一个人类聚集的场所，人们的背景、职业、阶层和个性是多样化的，经过交叉路口的交通工具也多种多样，因此在组织城市的方式、依据的构成要素、乐意接受的形式等方面都有不同的特色。其二，每个人的需要也是多样的，并会因时因地而始终处于变化和发展之中。人的思想与行为的多样性和复杂性表现在，既有有意识的、目的性很强的活动，也有无意识的、随机性的行为，这就要求界面形态本身具有多样性、包容性和可选择性。

因此，交叉路口的设计者必须面对丰富的内容和形式来组合各种界面，人们才能不断获得新的感觉，获得多种选择的可能性，而不同的观察者才能找到适合于他们各自特有的观察世界的方式。例如同一个人，白天可能是由建筑界面的形状或材质来识别这个路口，晚上有可能是由照明来识别。

需求的多样性促进了界面形态的创新，创新是一切设计生命力的源泉。城市空间不断需要新的界面形象加以充实，可行的界面并不只意味着无条件、消极地服从原有的环境，更重要的是，它应以美的新形式，积极地开拓新的空间环境，并容纳新的活动。

3.3.3 线条韵律与导向的关系

水平线条对视线的引导与人运动的方向一致，视线的移动几乎不受什么阻碍，非常顺畅。而垂直线条对视线的引导是垂直向上，与人的运动方向不一致，视线的移动不那么顺畅。正是由于对人的视线的引导作用不同，水平线条和垂直线条导致了线性城市空间视觉环境的简单化或复杂化。水平线条贯通于街道立面，使之具有连贯性、一致性，并与人在行走中眼睛移动的方向相顺应，有助于视觉环境的简单化。而垂直线条把街道立面划分为多个视觉单元，这些视觉单元的趣味是一样的重要，对人具有相似的吸引力，使人们逐个观察，眼睛需要在水平和垂直方向上不断交叉变换，这就大大增加了视觉的复杂性，因此立面垂直线条的适当简化有利于对行人视线的引导。水平线条还具有强烈的透视聚焦现象，指向某一个特定的目标（图3-76、图3-77）。

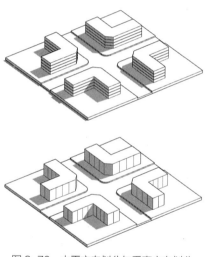

图3-76 水平方向划分与垂直方向划分

通过上面的分析可知，交通性街道沿街建筑要尽量采用水平线条，以加强街道的深远感和透视效果，将人的视线引向街道的深处，加强街道的流动性。而生活性街道沿街建筑立面线条宜尽量采用垂直线条，但垂直线条的密度应注意，它们起着加强或减弱透视效果的作用。水平线条有引导运动的趋势，往往与快速相联系，适用于以交通性为主的交叉路口空间；而垂直线条把人的眼睛向上吸引，阻抗水平运动，更具有静态的感觉，比较适合以生活性为主的交叉路口空间。

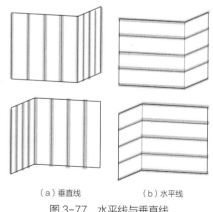

（a）垂直线　　（b）水平线

图3-77 水平线与垂直线

笔者给出的引导建议为：①设计时速较高的街道交叉路口时，交叉路口建筑立面宜以水平线条为主，引导交通快速有效地进行；②设计时速较慢，吸引人流停留、驻足的生活性交叉路口时，其沿街建筑立面线条宜采用垂直线条；③要处理好相邻建筑之间的立面关系。建筑底层与街道上的行人可以观察到两侧各自近90°水平范围内发生的事情，向下、向上的视野比水平视野要窄得多。人们在街道上行走时实际上只看见建筑物的底层、路面及街道上发生的事情，因而建筑底层的处理要比其他部位更需审慎。

3.4 建筑内部空间的有机化

由空间来决定体形，还是由体形来决定空间，这在建筑设计的理论和实践中，一直是一个容易引起争议的问题。用辩证的观点来看，应当强调内容对于形式的决定作用，但同时也不能把形式看成是无足轻重的东西。建筑体形应当是内部空间合乎逻辑的反映，应当根据内部空间的组合情况来确定建筑物的外部体形和样式。但又不能绝对化，在组织空间的时候，也要考虑外部体形的完整统一。从某种意义上讲，建筑设计的任务就是把内部空间和外部体形两方面的矛盾统一起来，从而达到和谐的统一，实现外部形态变化带来的内部空间变化。

城市交叉路口空间本身是一个非静态的、充满运动的节点空间，在一定程度上体现了城市的集聚与流动效应。这个特殊环境下的建筑受到诸多因素的制约，建筑内外空间的协调与有机联系是建筑完成的必要条件。本书主要研究与交叉路口空间联系最紧密的内部空间或内外空间互相影响的内部空间，而不对类型建筑内部的具体功能进行分析。

3.4.1 内部空间形状与外部形态

不同形状的空间，往往使人产生不同的感受，在选择空间形状时，必须把功能使用要求和精神感受要求统一起来考虑，使之既适用又能按照一定的艺术意图给人以某种感受。空间长、宽、高的比例不同，形状也可以有多种多样的变化。不同形状的空间，不仅会使人产生不同的感受，还会影响到人们对建筑外部形态的情绪变化。例如一个窄而高的空间，由于竖向的方向性比较强，会使人产生向上的感受；一个细而长的空间，由于横向的方向性比较强，可以使人产生深远的感受。有时，为了适应某些特殊的功能要求，还有一些其他形状的室内空间，如圆形、多边形、穹顶等。在进行空间形状设计时，除考虑功能需要外，还要考虑内部空间形状变化带来的外部形态变化（图3-78）。

内部空间的形状变化与外部形体的变化是一致的，一方的变化必定会引起另一方的变化。街角建筑是最能体现这对矛盾的地方。转角处内部的形状与比例直接关系到整体建筑空间序列的建立。平面是空间的直接反映。因此设计时要对建筑平面反复地加以推敲。如图3-79，由布拉德伯恩（Bradburn）设计的位于美国科罗拉多州丹佛市的百老汇总部大楼的转角部位即是内部空间与外部形态相互作用的结果。

为了突出街角建筑界面的连续性，常常采用弧线切角等方法，因此也就常常产生内部的弧形空间。弧形半径的大小、弧长的尺寸是否满足内部空间形状的要求，角部与建筑整体的脱离程度是否满足内部空间的联系等因素，都将反作用于建筑的外部形态。

3.4.2 内部空间尺度与外部形态

空间的尺度包含两方面的含义：一是空间的大小，二是空间的高度。它们的变化都会影响到建筑外部形态的变化。

空间的大小要根据空间所需容纳的人的密度和活动内容来决定。密度是指单位面积的人数，密度的高低会影响人们在空间中的活动质量。密度是一个相对概念，会因不同的行为环境而有所不同。例如，交叉路口建筑的转角位置如果是面积较大的空间，如报告厅、展厅等，则对应转角外部空间可以处理成大尺度分隔或统一的构

（a）内部空间

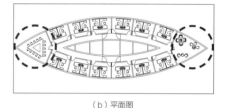

（b）平面图

图3-78 德国杜伊斯堡商务中心端部

（a）外部形态

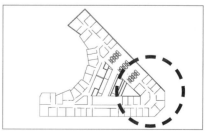

（b）平面图

图3-79 美国百老汇总部大楼端部

图3-80　角部空间尺度

件尺度，这样，转角的外部形态则相对完整，对应的尺度感明确，更容易反映建筑转角处的结合关系和转折关系。如果是小尺度空间，那么对应转角建筑的外部空间则容易形成复杂的结构与形式构成元素，所以也更应当注重立面细节的调整与搭配。在创造丰富的角部形态的同时，也要注意立面的统一。

空间的高度应从人的行为需求以及人的心理需求出发。为了满足人们的实际生活需求，不同的空间需求应满足不同的高度要求。另外，空间高度往往也是建筑师追求空间效果的一种手段，如为了达到某种空间效果而故意改变实际活动的尺度感（图3-80），此时的空间高度主要是为了满足人的精神需求。对于交叉路口空间，空间高度的不同带来了建筑竖向分隔的不同。这时要注意立面竖向的韵律感，以及转角部位与两个沿街立面的流畅衔接。

一般来说，内部空间尺度较大时，对角部的调整余地也比较大，其外形的处理手段就比较丰富，且容易形成统一完整的外部形态。内部空间尺度较小时，所受到的制约就比较大。在这种情况下，可用平面上房间的组合来协调外部形态的变化，这时要根据内部空间的使用功能来确定组合方式与组合秩序。

3.4.3　内部空间功能与外部形态

内部空间功能对建筑的形式也有着很大的影响。建筑的体形不仅直接反映内部空间，还要间接地反映出建筑功能的特点。如何将建筑物内角部空间合理地组织起来，除了要配合人们在其内的行为及活动需求之外，人们对空间本身的使用要求（开放或封闭、公共或私密），也要通过一套理性的思考在建筑形态上反映出来。

（1）角部交通空间

由于角部的结构和形态特殊，建筑师常会在建筑转角处设置楼梯、入口等交通空间，这样的布局是出于多种因素的考虑：在转角处设置交通空间使外部形态变化受空间形状的限制相对较小；更符合转角处连接两个不同方向空间的特点，适于交通的集散。

（2）角部公共空间

转角常常具有不规则性，因此，中庭等形状变化自由度较大的公共空间常结合不规则角部空间一起设置。

中庭是一种开敞性很强的公共空间，它担负着集散人流、疏导人流、创造丰富的室内空间环境等作用。有的中庭以交通为主，主要担负着集散、疏导人流的作用；有的中庭是一个多层通透的共享空间，为建筑内部的人提供舒适的交往环境。

布置在建筑角部的中庭，将之称为"边庭"更为恰当。它是中庭由建筑内部向建筑外围护界面偏移的结果，其中介空间的属性更为突出，更大程度地把建筑与环境融合起来，是一种更具活力的空间形式。第一，边庭可以虚化建筑的转角形态，减小街角建筑对于交叉路口的压迫感，加强室内外空间的交流与渗透。第二，有助于创造具有特色的造型。由于它具有公共活动性，所以在造型与界面材质的选用上都更加灵活，可以为建筑提供丰富形体的契机，成为塑造城市开放空间的一分子。第三，由于它在视觉上向周围环境开敞，给内部的交往空间带来了更广阔的视野。人们在休息交谈的同时，可以观赏到整个交叉路口空间的景观。第四，转角处是人流最为密集的地方，因此它往往与门厅结合，在交通流线的组织以及视觉感受方面，其过渡性大大增强，因而既有垂直方向上到达空间的特性，又有水平方向上穿越空间的特性，成为建筑与城市环境联系的纽带。

综上所述，处理好建筑转角内部空间与建筑形态的协调关系应做到以下三点：首先，转角空间的设置应尽量体现转角处空间的特点；其次，建筑外部形态应能够反映转角处的内部功能；最后，空间布局应使建筑整体具有良好的秩序。

"由外到内"的设计是指把建筑的外部制约因素作为建筑设计中的强因，内部因素相对处于从属地位；"由内到外"的设计是指把建筑的内部制约因素作为建筑设计过程中的强因，对建筑形态的生成占据主导的地位，而其他外部因素则相对处于被动、胁从的地位。这里就是要将这个过程双向化、有机化。只有这样，形式与功能才能更好地统一；只有这样，内部与外部空间才能更加协调。

由此可见，本章主要对建筑单体展开研究。首先，场地布局的适应性研究。通过对建筑布局以及场地内的交通组织的研究，探讨不同布局的街角建筑对交叉路口的呼应。其次，转角造型的特色化处理研究。通过角部独立形体、材料质感对比、技术逻辑夸张等强化建筑转角的方法，能够突出建筑形态的标志性；通过弧线、切线、折线、内凹线等钝化建筑转角的方法，突出建筑形态的连续性；通过材质、体量、布局等虚化建筑转角的方法，突出建筑形态的融合性；通过多种创新形式的叠加，突出建筑形态的创新性。这些方法并不能涵盖所有的转角造型手法，但它们都可以形成更加契合环境的特色建筑。再次，界面的导向化研究。交叉路口建筑的界面，对视线和运动具有引导作用。因此必须针对不同向度和运动主体进行有针对性的设计。最后，内部空间的有机设计。建筑形体是内部空间合乎逻辑的反映。因此，在具体设计过程中，要考虑到内部空间与外部空间矛盾的统一，旨在更深的层面完善交叉路口建筑单体的设计研究。

第4章
城市交叉路口
建筑群体关联设计

　　结构主义哲学指出,世界虽然表面上看是由一个个"事物"组成的,但是实际上起支配作用的是它们之间的关系,事物只不过是关系的支承点。城市空间也一样是由各要素之间的关系联结起来的整体,因此必须重视城市空间群体要素之间的关联设计。

　　任何建筑都必然要处于一定环境中,并和环境保持着某种联系,只有当它和环境融合在一起,并和周围建筑共同组合成一个统一的有机体时,才能真正显示出它的价值和表现力。

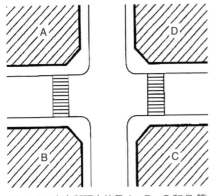

图 4-1 本章所研究的是 A、B、C 和 D 等多个街角建筑群体的关联设计

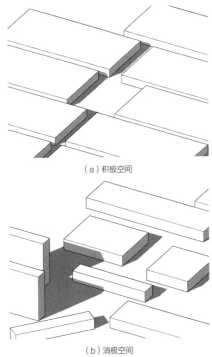

（a）积极空间

（b）消极空间

图 4-2 积极空间与消极空间

4.1 建筑的群体空间关联设计

交叉路口是一个空间概念，街角建筑群形成的不同的空间形态具有不同的空间感受；交叉路口作为一个空间节点，各个街角建筑具有群体建筑的形态意象；交叉路口作为一个动态空间，它在时空上的变化必将影响城市的发展。因此，交叉路口建筑不是独立存在的，它们互相关联，互相影响。在设计的过程中，不仅要考虑每幢建筑的设计研究，同时也要由点及面，关注交叉路口空间环境下的建筑整体研究。如图 4-1 所示，本章所研究的即是 A、B、C、D 等多个街角建筑群体的关联设计。

在交叉路口整体空间环境中，应精心处理建筑的空间布局关系，使各街角建筑有机结合在一起。首先要分析交叉路口的空间动力特性，这样才能掌握空间内诸要素的内在联系，从而控制空间的围合、渗透等属性。其次，建筑的空间布局会直接影响建筑群体的整体形象和区域的整体环境。因此，在确定交叉路口建筑空间布局的过程中，既要做到适应环境，又要做到利用环境和改造环境。

4.1.1 交叉路口空间作用力的产生

英国物理学家克拉克·麦克斯韦（James Clerk Maxwell）在法拉第实验的基础上，经过系统阐述并给出数学公式，最早引进了关于"场"的概念——电磁场。20 世纪初，在爱因斯坦的引力理论中，引力场问世，"场"被认为是力的载体。格式塔心理学认为，世界是心物的，经验世界与物理世界不一样，观察者知觉现实的观念称作心力场，被知觉的现实称作物理场。空间场存在着能被感知的格局。对于城市空间与建筑物来说，没有建筑物对空间的限定，空间就不可能存在。当空间与实体分布均匀、虚实相生且构成了一个有机的整体时，空间才形成了真正意义上的"积极空间"（图 4-2）。

在实际中，当两条街道相遇的时候，独立的街道被统一在交叉路口的式样当中，这种式样把重叠区域限定为中心对称，这种结构重新组织了各角建筑物的视觉特征。当它们被想象成仅与线性街道相关时，它们中的每一个就被分成两个基本独立的二维正面。现在，两个平面的相遇被三维概念所代替，其中，街角处的建筑物被看作是立体的，突出的边缘和两侧街道对称。这种空间重组极大地提高了街角处建筑物的图形力量，使角部常常被设计成指向交叉路口中心。

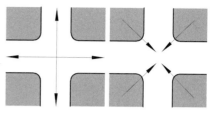

图 4-3 建筑与场所作用力

那么，交叉路口创造了什么样的空间动力特性呢？当然不只是"空"。每一个街角建筑物都产生了一个力场，沿着建筑的对称轴朝向交叉路口的中心前进。因此，交叉路口存在多个向心矢量的组合，由建筑物形成了图，而中心空间形成了底。如果这个场中只有动力因素，建筑物将给人朝向中心前进的印象，直至由于其他力的冲击而受到阻止（图4-3）。

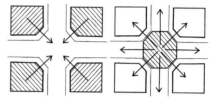

图 4-4 交叉路口的作用力与反作用力

当交叉中心区获得一些图形特征的时候，这种单向的作用力就被克服了。即中心凭借释放矢量反作用力，平衡了从各个街角建筑前端释放的向前的作用力，从而建立起自己的结构中心。此时，交叉路口建筑的动力被认为是在它们自己溢出的力和来自中心的与它们相遇的反作用力之间相互作用而产生的。显然，交叉路口建筑的转角形态正是由于建筑自身动力以及交叉路口的反作用力共同作用而产生的（图4-4）。

交叉路口的空旷空间是如何获得"广场"的图形性质呢？相关的规模大小是一个因素。当这个区域太小的时候，它没有足够的空间去回应建筑压力，如果它太大，建筑物的动力场将无法延伸至中心。同样，凡是在中心发展起来的焦点都不能延伸得足够远以至于约束边界，并因此建立一个稳定的组织结构。另外，边界的完整程度也是一个因素。轮廓越清晰，广场的特征就越突出。例如，当位于十字路口的四幢建筑，每个转角被一个狭窄的正面截去突出的尖端，得到的四个小面与中心直交，创造了一个具有对称中心的图形。当这四个小面被挤压成凹形则表现出强烈地受到作用力的效果，建筑物被看作是由于外部看不见的力的挤压而向后退却的（图4-5~图4-7）。

4.1.2 交叉路口空间围合感的建立

心理学表明,人的知觉特征具有完整性、恒常性和理解性,任何有助于支持这种心理活动的空间都能使人产生愉悦,进而产生支持行为。空间的围合特征增强了环境的可认知性和可理解性。即使从功用的角度讲,"空间"是人类活动的场所,但人类对"虚空"的体验来自对"实在"的感受。围合即是基于此,为人创造明确、稳定的空间环境,并赋予人领域感,满足人的心理需求。

(1) 水平方向的围合

1) 交叉路口中心的扩展

当交叉路口中心通过适当的扩展获得一定的广场图形的时候,图形"力"作用于交叉路口的建筑,得到的交叉路口空间环境将具有更强的围合效应。此时,位于景观关键点上的建筑将成为焦点并必须给予特殊的处理(图4-8)。

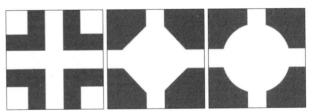

(a) 交叉路口没有任何处理,难以把握形象　(b) 具有切割面的空间,围合感加强　(c) 角部呈曲线,具有很强的聚合感

图4-5　交叉路口建筑转角处理对交叉路口空间的影响

(a) 交叉路口建筑单体　　(b) 交叉路口建筑群体　　(c) 交叉路口形状　(d) 交叉路口平面

图4-6　北京市金融街与金城坊西街交叉路口

  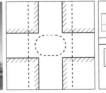

(a) 交叉路口建筑单体　　(b) 交叉路口建筑群体　　(c) 交叉路口形状　(d) 交叉路口平面

图4-7　北京市东二环与东四十条交叉路口

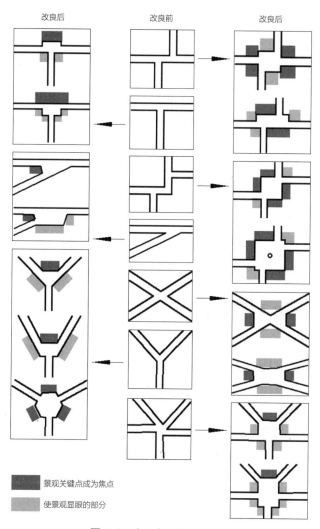

图 4-8 交叉点形成围合景观

如北京市西单北大街与辟才胡同交叉路口,其西北角为中国电信综合楼,西南角为西单婚庆大楼,东北角为旧胡同建筑,东南角为西单老佛爷百货大楼。其中交叉路口的东南角也就是老佛爷百货大楼向东偏移,留出了一处广场,在增加交叉路口围合感的同时,也为商场建筑注入了更多的活力(图4-9)。

北京市辟才胡同与什纺小街交叉路口,其西北角为丰汇园小区,东北角为旧胡同建筑,东南角为宏汇园小区,交叉路口南侧为教育部。其中交叉路口南侧的教育部与老佛爷百货大楼的做法相似,建筑南移,在北侧留出了一处广场(图4-10)。

  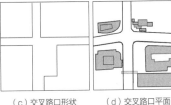

(a) 交叉路口建筑单体　　　　(b) 交叉路口建筑群体　　　　(c) 交叉路口形状　　　(d) 交叉路口平面

图 4-9　北京市西单北大街与辟才胡同交叉路口

  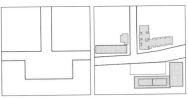

(a) 交叉路口建筑单体　　　　(b) 交叉路口建筑群体　　　　(c) 交叉路口形状　　　(d) 交叉路口平面

图 4-10　北京市辟才胡同与什纺小街交叉路口

另外，通过道路的对位关系也将影响空间围合感。如果界定进出中心点的道路的墙是不间断的，一直形成中心点四周的墙，则中心点本身可能被认为仅仅是道路的一个放宽部分；如果出入口离开中心点的角部，中心点与进入它的道路之间就区分得更明显一些；当从入口不能直接望到出口时，这种效果就被加强了（图 4-11）。但这里必须在空间界定的增强和视觉可达性的丧失两者之间进行平衡。

2）交叉路口界面的围合

①四面围合的空间，是建筑限定空间方式中最典型、最强烈的一种，空间的向心感、大小、宽窄和形状是明确的。对于这种空间组合，应特别注意开口方式，开口是该空间与外部环境相联系的纽带。开口的数目、尺寸、位置的变化不仅影响界面的围合感，而且影响到空间的流动、方位、视野以及空间的使用（图 4-12）。

芦原义信在《街道的美学》中提出阴角空间理论。他指出，阴角空间可以创造出一种把人拥抱在里面的温暖、完整的城市空间。这样的空间更适合在领域上创造围合感。但在交叉路口空间的设计当中，由于道路穿过，界面的开口不可避免。如果要强化空间的向心性和围合感，增加这一区域的领域感和归属感，体现独立的节点个性，那么在空间布局的时候可以采用四面围合的方式，并且每个建筑尽量创造适宜人们停留的阴角空间。

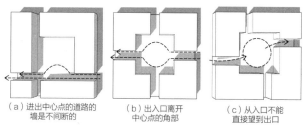

(a) 进出中心点的道路的墙是不间断的　　(b) 出入口离开中心点的角部　　(c) 从入口不能直接望到出口

图 4-11　道路对位关系对空间围合感的影响

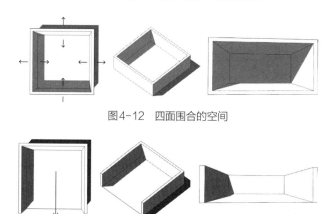

图 4-12　四面围合的空间

图 4-13　三面围合的空间

②三面围合的空间，封闭感仍旧较高，但具有一定的方向性，常成为广场、袋形路或其他各种空间形成的基础。其开敞端相对于其他三个面处于特殊地位，是该组合的基本特征。它使限定的空间与相邻的空间保持视觉与空间上的连续。这种空间可以形成多种组合方式（图 4-13）。

在交叉路口当中，开敞端多为城市开放空间。于是，开放空间位置的选择以及与开敞端相对的建筑的处理往往非常重要。如果空间沿轴线方向呈现出狭长形，则空间将形成一种动感，对活动程序和空间序列起导向作用。此时，轴线的运用以及空间动态的组织成为设计的要点。

③两面围合的空间，封闭性就减弱了。其中，如果两面是垂直围合，构成 L 形或 T 形空间（图 4-14），人处在这个空间中，越接近空间的角部，空间围合感越强；主要应用于建筑与大面积城市开放空间在交叉路口两侧相结合的布局。如果两面平行围合，并有较长的连续界面，则空间会产生流动感；主要应用于

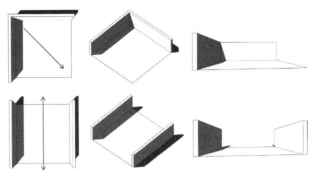

图4-14 两面围合的空间

两条交叉道路的等级相差悬殊,以此弱化次级道路的打断,强化主要街道轴线方向空间的延续感。如果两面围合,构成V形空间,则会带来戏剧性的透视变化,使得这个空间具有独特的趣味。此种情况形成的交叉路口多为异形空间,由多条道路交叉而成,每个街角空间非垂直相交,这时交叉路口空间具有较强的发散性。

④只有一个面围合空间时,封闭感几乎消失,但面向界面的一方,行动和视线受到很强的限制。由于控制力的减弱及围合感的模糊,这种情况在交叉路口中比较少见。

⑤当没有面围合空间的时候,出现了一种特殊的情况,即一个街区被建设成为城市广场或城市公园,这个空间四面临街,完全由道路限定空间。但此时,把研究的区域放大,街道的另外一侧的建筑仍旧对其存在围合作用,根据围合面数量的不同,会再次出现更大范围的四面、三面等的围合方式。如北京市西长安街与西单北大街交叉路口,其西北角为中国银行总行大厦,西南角为中国民生银行大厦,东南角为中国人保大厦,东北角为西单更新场。其中东北角的西单更新场为地下商街,将地面完全让渡出来作为市民活动公园,为西单增加了更多城市景观和绿化元素(图4-15)。

(2)竖直方向的围合

1)恰当的空间比例

人置身于环境之中,以视线的封闭程度来感受围合。因此,围合感在竖直方向上的作用很大程度上是由人的视线与构筑物高度的关系决定的。不同围合尺度产生不

  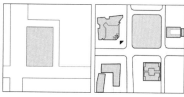

（a）交叉路口建筑单体　　　　（b）交叉路口建筑群体　　　　（c）交叉路口形状　　（d）交叉路口平面

图4-15　北京市西长安街与西单北大街交叉路口

同的场所特征。当视线向前时，人们的标准视线决定了人们感受的封闭程度。据总结[①]：①人和物体的距离在80ft（24.4m）左右时，能产生亲切感，这时可以辨认出建筑细部；②宏伟街道和广场空间的最大距离不超过450ft（137m），当超过这个尺度的时候，墙上的沟槽线脚消失，透视感变得接近立面；③人与物体的距离超过4000ft（1219m）时就看不到具体形象了，这时所看到的景物脱离人的尺度，仅保留了一定的轮廓线。

另外，当人的站点与界面距离一定时，界面的高度影响空间的围合感。①当围护界面高度等于人与建筑物的距离时（1：1），水平视线与檐口夹角45°，这时可以产生良好的封闭感；②当建筑立面高度等于人与建筑物距离的1/2时，水平视线与檐口夹角为30°，是创造封闭性空间的极限；③当建筑立面高度等于人与建筑物距离的1/3时，水平视线与檐口夹角为18°，这时高于围合界面的后侧建筑成为组织空间的一部分；④当建筑立面高度为人与建筑距离的1/4时，水平视线与檐口夹角为14°，这时空间围合感消失，空间周围的建筑立面如同平面的边缘，起不到围合的作用。（图4-16）。

2）恰当的立面层次

在现实的城市道路空间中，立面的组合并不是那么规则、简单的，统一空间中表现出多层次性。当一个界面处于另一个界面背后，被部分遮挡，但高出的部分对空间仍旧发生作用。这种重叠关系在城市街道空间中是十分常见的，它能增加空间的层次感。另外，界面的重叠关键在于相互间高度的控制及与人的视线的关系。后

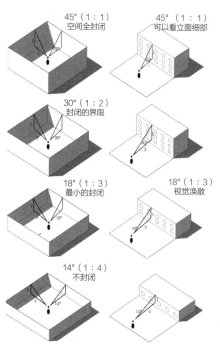

图4-16　围合界面与视角的关系

---

① 刘滨谊.城市道路景观规划设计[M].南京：东南大学出版社，2002：7.

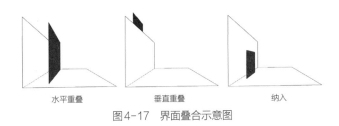

图 4-17 界面叠合示意图

面的界面是否对空间产生作用,要根据空间的要求以及两个界面的性质来决定。如果同时出现在人的视线当中,则应充分考虑它们重叠后的效果以及它们相互之间的影响(图 4-17、图 4-18)。

3)界面的连续

空间的围合感还与围合界面的连续性有关。如果界面间有太多的开口,立面剧烈变化或色彩的冷暖差异很大,都会减弱外部空间的封闭感。

屋顶的轮廓线也是一个突出的视觉特征,对空间的围合效果起到相当大的作用。连贯性好、起伏平稳的轮廓线使空间的封闭性较好;反之,变化剧烈、断断续续的轮廓线则对空间的围合不利。

4.1.3 交叉路口空间立体化建设

城市设计的立体化是试图在三维的城市空间坐标中化解各种职能矛盾(图 4-19),建立新的立体形态系统,使城市空间得到多维度综合利用。例如城市交通系统中不同交通方式的立体切换、建筑跨越交通路线形成整体群组、城市广场高抬或下沉以改善高空和地下的环境质量,等等。

立体衔接空间是城市整体的一个重要的组成部分。城市空间中需要有立体化衔接空间来加强过渡,建筑之间也需要这种立体化衔接来加强建筑之间的联系。否则,很容易出现各个建筑各自为政、互不相干的局势。

由于现代城市功能的高度集中与现代化工具的多元化,城市干道的交叉路口,特别是在一些繁华地段,已经很难在地面层展开系统的人行步道体系,所以人行交通势必向地下和空中等多维化方向发展。

图 4-18 哈尔滨某街角建筑的立面层次

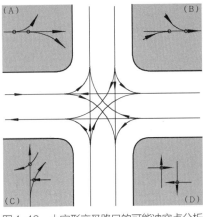

图 4-19 十字形交叉路口的可能冲突点分析

（a）交叉路口建筑单体　　　　（b）交叉路口建筑群体　　　　（c）交叉路口形状　　　（d）交叉路口平面

图 4-20　北京市东三环中路与建国门外大街交叉路口

（a）交叉路口建筑单体　　　　（b）交叉路口建筑群体　　　　（c）交叉路口形状　　　（d）交叉路口平面

图 4-21　北京市中关村大街与海淀大街交叉路口

为了解决人流集散和城市交通与建筑内部相衔接的问题，交叉路口建筑多采用多个出入口和立体化组织交通流线的方法。通过首层、地下层和地上的架空廊道与不同层面的城市交通网络相连接，以达到通畅便捷、步行系统与车行系统互不干扰的目的。如北京市东三环中路与建国门外大街交叉路口通过地下通道和高架桥来对人流和车流进行分流（图4-20）；北京市中关村大街与海淀大街交叉路口西北角的海龙大厦和东北角的中关村科贸电子城之间用天桥连接疏导人流，同时交叉路口各建筑之间还用地下通道进行连接（图4-21）。

路面人行交通组织是交叉路口交通组织的一个重点。一般是在路面上划出人行横道，使行人按照一定的规则循序通过。此时，交叉路口建筑的形态、街角处空间流线的组织，以及细部的处理都非常重要。

（1）转角部位

转角处的人行道可以与其他部分的人行步道在铺装方式等方面有所变化，再与建筑前的开放空地作整体化处理，就可以形成完整顺畅的交叉空间。如图4-22（a），通过对建筑细部的处理呼应街道转角，达到缓解街角压力、顺畅交通的效果。如图4-22（b），通过使建筑形成面向街角的完整立面，让建筑与交叉路口产生对话，形成以功能为主、小尺度的街角广场。

（a）通过对建筑细部的处理，形成街角广场

（b）通过对建筑"面"的处理，形成街角广场

（c）通过对建筑形体的处理，形成街角广场

图 4-22　由切角创造出的街角广场

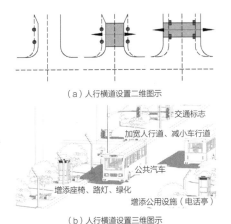

图 4-23 街口过街横道安全处理举例

图 4-24 道路交叉点的地面铺装

图 4-25 安全岛的雕塑

图 4-26 一棵树起到划分交叉路口空间的作用

如图 4-22（c），通过改变街角建筑的形体，使建筑退让交叉路口，并创造出可供城市使用的街角广场。

在人行横道的地方通常用缘石铺装，但也要考虑到事先将步行道部分整体降低。在转角部位宜栽植有象征性的大树木，栽植低矮树木反而会造成空间狭窄的感觉。

（2）人行横道

人行横道的位置应该在人行道延续的方向上，或略后退交叉路口。前一种方式行人穿行马路比较便捷，但不如后一种安全。后一种一般后退 3~5m，可考虑在转角圆曲线切点以外设置。停车线在人行横道后至少 1m。人行横道的宽度决定于单位时间内过路行人的数量，多采用 4~10m 或该路段人行道宽度的 1.5~2 倍。人行横道的铺面材料最好与车行路面材料有明显的区别，以示警醒。也有如图 4-23 的方法，在街口处设置标识、斜坡或顶棚等，使其显而易见。

（3）交叉点的安全岛

在路面宽阔的干线街道的交叉路口处，为能更好地进行车行路线的处理，有时要修筑环路。这时交叉路口内会形成一定规模的岛状空间，它将影响交叉路口的空间形象。在人行横道通过环岛的情况下，岛的路面不宜过高，可尽量安排灌木等景观，在不进行植栽时，可以考虑改变铺路材料等，或只是放置纪念碑等抽象雕塑（图 4-24、图 4-25）。

根据城市规划进行建设的街道交叉部分，有的会形成三角地，有的会形成多边形地带，有的会形成安全岛状的空间（图 4-26、图 4-27）。如北京市朝阳外大街与工人体育场路五交叉路口，其东侧两条道路之间的夹角空间便形成了一个三角形地带（图 4-28）；北京市东四南大街与金宝街交叉路口则形成了多边形的绿地交通岛（图 4-29）。

4.1.4 交叉路口空间方向性的建立

由于交叉路口空间位置的特殊性，建筑形态着重体现了对道路格局的呼应以及对视线和流线的呼应。另外，交叉路口在整体建构的过程中，建筑群体所表现出来的构图的向心性和界面的连续性，促进了交叉路口空间方向性的建立。除了造型上的呼应外，空间布局也应该体现出这种方向性。

建立方向性布局有两种方法：一种是向心式，突出空间的凝聚力；另一种是轴线式布局，突出空间的导向作用。

（1）向心式布局

1）中心的确定

图 4-27 大规模交叉路口安全岛的绿化

向心式布局主要突出空间的凝聚力和向心力，因此，中心的确定和位置的选择就显得尤为重要。

几何中心：指两条（或多条）道路交叉所形成的汇聚点，是实际存在的几何中心点。

空间中心：是人们心理定位的"基点"，通过交叉口建筑物的围合，以及其他环境要素共同作用而产生，并通过中心的作用力使空间具有内聚性。

道路交叉口空间的几何中心与空间中心存在重合与偏离两种情况。当两心重合的时候，交叉路口的几何性与向心性都得到加强；当两心偏离时，交叉路口的空间模型就发生了有趣的变化。如图 4-30，由于广场集散的需要，建筑退离道路交叉口，交叉口空间的中心由原来两条道路中心线交叉点 A 移到新的空间中心 B 处，从而避开了道路交通，形成了新的空间向心秩序。例如北京市朝阳外大街与吉市口路交叉路口，西北角为中国石油大厦，西南角为外交部，东南角为丰联广场，东北角为华誉国际大厦。

（a）交叉路口建筑单体

（b）交叉路口建筑群体

（c）交叉路口形状

（d）交叉路口平面

图 4-28 北京市朝阳外大街与工人体育场路五交叉路口

（a）交叉路口建筑单体

（b）交叉路口建筑群体

（c）交叉路口形状

（d）交叉路口平面

图 4-29 北京市东四南大街与金宝街交叉路口

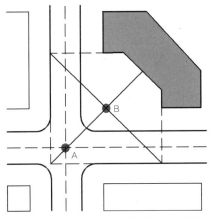

图 4-30 建筑退离路口使空间中心偏移

由于西南角的外交部向南偏移留出了北侧的集散广场,导致了交叉路口的中心点向西南侧偏移(图 4-31)。

2)向心式布局

把位于交叉路口的建筑组织在一个向心式的布局中,是使交叉路口空间呈现出整体感的最直接的办法。在向心的形态中,各个建筑在方向上都显现出朝向中心的特点。朝向共同方向的诸多形态在视觉上产生聚集效应,使整个空间表现出强烈的向心性。

①运用规则对称的构图方式

基本的几何图形如圆、方、三角形及其组合形,都具有形心,当这些形心彼此之间的连线交汇在道路中心上的时候,向心性表现得最为强烈。而且,空间构图上具有平稳、整体的效果。这种方法适用于 T 形道路交叉口或十字形道路交叉口,道路等级相差不大的情况。单体建筑的布局主要以入隅型街角空间为主,在街道转角处形成一定规模的开放空间,因此每个开放空间的平面形态也都是规则的几何形态。开放空间可能为城市服务,也可能同时为建筑和城市所共用。

这种布局方式主要以道路中心为控制点,由控制点向外是一系列的城市开放空间,然后才是建筑实体。这种布局的优点是:空间布局规则完整,具有明确的向心性和统一空间意向,开放空间给建筑及城市带来了活力。不足之处在于:由于各个建筑布局的相似性,容易造成空间的呆板和单调,因此在建筑造型设计当中应尽量突出不同建筑的特色,创造丰富的中介空间,以及环境设施的可识别性(图 4-32)。

②使各建筑在方向上相呼应

空间的向心性还可以通过对各个建筑的特殊处理来实现。这种处理方法使建筑具有一定的方向感,具有朝

(a)交叉路口建筑单体

(b)交叉路口建筑群体

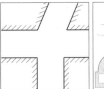

(c)交叉路口形状

(d)交叉路口平面

图 4-31 北京市朝阳外大街与吉市口路交叉路口

（a）瑞士苏黎世交通广场　　（b）巴黎雷尼尔姆交通广场

图 4-32　规则对称的构图方式

图 4-33　交叉路口的切角建筑

着同一个方向汇聚的特点，这时，整个建筑群就表现出向心性。具体方法有：建筑物主立面面向交叉路口的中心，主立面自然表征了建筑的方位感，使建筑具有明显的面向性；以建筑的特征部分面向中心，建筑物的特征表现了建筑物的个性，因此体现了建筑物性格的向心性；如果建筑物形体具有方向性，将方向统一指向中心，则体现建筑物动态的向心性（图 4-33）。

例如哈尔滨大直街与果戈里大街的交会处，为秋林商店、中艺商厦、哈尔滨邮局和秋林商厦四幢建筑（图 4-34），每幢建筑都在转角处作了处理，或为外弧形转角，或为切线型转角，使建筑暗示出 45°的面向道路交叉口的轴线。这种在方向上呼应的方法对该地带环境的整治起到了很大的作用。

③强化空间控制点的向心力

作为控制点的有两类：实体与空间。实体：对于道路交叉复杂的地段，常常使用环岛来解决交通。在环岛上常常布置大型雕塑等，一方面作为道路对景，占据交叉路口的几何中心，形成较强的向心空间态势；另一方面增加了交叉路口一边向另一边眺望的空间层次，丰富了交叉路口的景观层次（图 4-35）。空间：有的时候控制点是一个空间区域。例如重庆沙坪坝三峡广场，它是由两条步行街交会的十字路口，在交会处设计者布置了一个下沉广场。很难说它是交叉路口的视觉中心，事实上，它形成了一个核心空间，起到强化中心的作用。

（2）轴线式布局

1）轴线的确定

轴线是一种统一因素，具有主从级差。轴线式布局在空间延长轴方向形成动感，对活动的程序和空间的

（a）秋林商店　　（b）哈尔滨邮局

（c）秋林商厦　　（d）中艺商厦

图 4-34　哈尔滨市大直街与果戈里大街
　　　　　交叉路口建筑

图 4-35　哈尔滨红博广场交叉路口
　　　　　的实体标志物

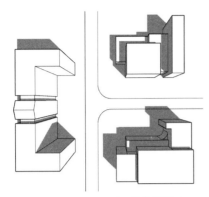

图 4-36 T 形交叉路口的轴线关系

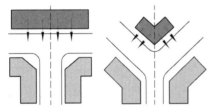

图 4-37 T 形交叉路口建筑的轴线及方向性

序列起到导向作用。在街道空间中，街道本身就是一条轴线，可以在街道的端头或转折点形成对位的景观，强化轴线感。

如 T 形交叉路口处面对街道的建筑，在造型上，应强调其与相对道路轴线的对景关系，无论是体量还是立面都应该考虑轴线的对应关系。常常采用的手法就是利用对称式布局聚集视线，并起到标志物的作用。位于该街道两侧的街角建筑，可通过相似的形态和布局方式来突出该街道的轴线性，形成街道空间秩序（图 4-36、图 4-37）。再如，当两条相交的道路等级相差悬殊，则主要道路的中心线成为交叉路口的主轴线，位于交叉路口道路两侧的建筑可适当后退，并形成一定的呼应，使交叉路口成为具有线性特征的节点型空间，强化空间的引导性和流动性。如北京市东二环与东直门内外大街交叉路口，为城市快速路和城市主干道的交叉路口，故作为城市快速路的东二环则成为该交叉路口的主轴线，两侧建筑多沿轴线方向呈条形布局，交叉路口的线性特征显著（图 4-38）。

利用轴线的指向性和对称性，可分辨出不同位置各要素之间的主次关系。位于轴线端点的要素通常处于主导地位，而分列两旁的要素作为从属，在整体上带来秩序感（图 4-39）。

  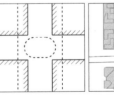

（a）交叉路口建筑单体　　（b）交叉路口建筑群体　　（c）交叉路口形状　　（d）交叉路口平面

图 4-38 北京市东二环与东直门内外大街交叉路口

  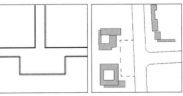

（a）交叉路口建筑单体　　（b）交叉路口建筑群体　　（c）交叉路口形状　　（d）交叉路口平面

图 4-39 北京市中关村北大街与海淀大街交叉路口

2）轴线式布局

轴线的根本意义在于建立空间秩序，并以此为基准组织空间程序。空间程序的组织方式一般有两种类型。其一，轴线只是图形的控制点，将主要建筑或建筑的重要空间以中心线对位的方式置于轴线上，轴线只是人的视觉感应线，它并不是或不完全是人的行动路线。其二，轴线既是人的视觉轴线，也是人的活动路线，因此，轴线上的主题是步道、广场、平台等反映交通流线的空间形式，并穿插重点建筑。轴线组织的空间形态具有关涉性、控制性、统一性、形式鲜明性。

①关涉性：是轴线在建筑空间形态组织上的重要特征，主要指不同形态要素之间的联系是通过"线"实现的一种关联系统或组织网络，从而为有秩序的空间建立系统结构。在二维平面上的建筑以其通过基地或外部环境中有特征形态的主导力线，为设计提供了一个空间基准，把建筑物与外部空间联系起来。从视觉原理说，就是在各物象的排列、组合中利用视觉诱导原理，使之有趋向、连续、一贯的形式，体现一定的秩序，表现出要素之间通过"线"发生的关联。建筑间的轴线呼应，在保持原空间特征的情况下，使其得以延续，实现二者之间的空间关联，同时以轴线序列为主导空间，通过人的活动展现连续、起伏、完整的空间形态，建立起人对建筑群各组成部分空间形象的完整体验。

②控制性：是指建筑群体中的轴线及其系统一旦被确定下来，便对建筑的整体起控制作用，既控制着当前形态要素的整体化，也控制着形态的演化方向和趋势。书法中著名的"间架"原则，便能很好地说明轴线的控制性。

③统一性：组织空间的轴线把多数要素组合在一起，形成相互统一的整体，并把这些要素与更大的整体联系起来，暗示一个象征性的趋势。轴线主要以对称式构图强调线性方向，根据完形心理学，对称性容易聚合形成良好的图形。体量和空间要素通过轴线能够获得格式塔完形，并随着它的延续，实现空间的联结，从而形成统一的整体。

④形式鲜明性：轴线构图具有鲜明的形式特征。从图形学角度来说，轴线构成的形体组合具有集合意义的

清晰性,能够引起视觉的注意和重视。这是因为外界因素很多,而视觉在注视范围内所能承受的单元有限,因此要对客观形式进行视觉瞬间组织,体现视觉对于简约完美形象的追求。从这一角度不难得出结论,轴线以其精炼集中的形式、易于理解的秩序与逻辑传达了鲜明的形式特征。

除此之外,轴线还具有发展的趋势,它可以产生联动效应,因此,这样的空间形态更适宜于城市的发展。将城市某一区域沿着一条轴线向纵深方向逐一展开,同时沿横轴和斜向副轴发展,轴线上的空间序列布置可视建筑群的规模大小而定。一般由沿轴线的开始段、高潮段、结尾段等不同区域组成,不仅可以形成强烈的节奏感,而且也借这种节奏形成一个区域有机、统一且完整的发展过程。

以上的空间模式可以简单归纳为"团状"与"线状",不同的空间模式,其建筑的设计手法是不同的。对于线状空间,几何上我们理解为点的运动轨迹,因而表达了一种方向性,具有运动、延伸、流动的意味;在建筑空间中,最为有利的空间支持就是起联系作用的"交通空间"。然而,要形成具有吸引力的生活化空间,单纯的交通功能即从一个尽端指向目标点的方式显然是消极的,因而,需要线状空间与不同形式的团状空间相配合,这样形成的场所化空间才是适宜的。

(3)空中连廊

连廊按形式分可以归为天桥的一种特殊情况,然而其与城市空间发生关系的同时更加直接地与城市建筑发生着关系。它联系着两个建筑,并与下部城市空间、周围环境以及所联系的建筑共同形成小范围的立体化衔接空间。并且,这种空中联系可以扩大到整个区域甚至城市,形成大的空间步道系统。因此,交叉路口作为城市空间的交通枢纽及表达城市意象的节点,街角建筑之间的连接体设计尤其重要。这种连接体按连接方式可以分成两类(图4-40)。

1)直接与建筑的室内空间连接

连接体连接建筑的室内空间,使人流可以便捷地从一栋建筑直达另外一栋建筑,而不用下到一层或横穿马路。这种方式的连接多适用于商业等开放性比较强的建

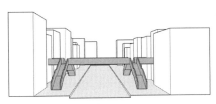
(a)直接与建筑的室内空间连接

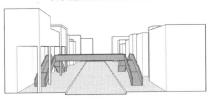
(b)与建筑外围的中介空间连接

图4-40 连廊与建筑的连接方式

第 4 章　城市交叉路口建筑群体关联设计　93

  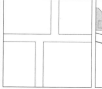

（a）交叉路口建筑单体　　　　　（b）交叉路口建筑群体　　　　　（c）交叉路口形状　　（d）交叉路口平面

图 4-41　北京市朝外南街与芳草地西街交叉路口

筑，可以加强人的流动性及整个区域的商业氛围，促进各个建筑之间的联动性。北方这种连接方式比较常见，连接体也常采用封闭体系，这样，即使两个建筑跨越马路甚至交叉路口，人们也可以不经过室外而方便地到达。同时，整个交叉路口会形成空间立体的交通模式，使人流与车流在两个层面上互不干扰。如北京市朝外南街与芳草地西街交叉路口，其西北角的朝阳门外大街 12 号楼（商业）与东北角的中国建设银行（朝阳区支行）的室内空间直接用封闭的连接体进行连接，不仅使得人车可以分流，同时两个商业建筑可以互相引流，互利共赢（图 4-41）。

2）与建筑外围的中介空间连接

连接体连接建筑外围的廊、阳台等中介空间，以此形成整个空间中的步道体系。这种步道体系可以不断地向外生长，以致形成城市范围内的立体化交通体系，彻底达到人车分流的效果。建筑的外廊等空间常应用于南方，因此，这种连接体多用于南方，也适用于气候温暖的地区。连接体的侧立面采用封闭或开敞两种形式。

空中连廊是街道的重要景观，它的形式尤其重要，因此应该注意以下几点。第一，连廊与交叉路口建筑统一设计至关重要，在色彩处理上，必须注意不要使连廊与交叉路口空间景观对比过于强烈。如果忽视周围环境而单独设计，容易引起不协调感。第二，从穿越人行横道的行人的角度来看，桥下空间的铺装、桥头、桥墩、支撑等细节也都具有重要意义（图 4-42）。

（4）地下步道

城市地下步道的开发建设是对城市空间与建筑地下空间深入改造的活动。它的建设往往与地下商业空间的综合开发以及下沉广场、建筑的地下空间关系密切，

图 4-42　连廊与建筑的衔接

图 4-43 某地下通道出入口

在功能意义上具有协作性与互补性。地下步道系统的出入口设置需考虑无障碍设计，外形应醒目、美观且考虑防雨，创造良好的空间形象。交叉路口由于人流量比较大，因此要注意人流的快速疏散并避免与建筑内部的人流大量交叉。

这些地下空间的出入口在街角空间通常有两种位置。①设置在交叉路口建筑物内。将出入口设置在建筑物内，与建筑物的出入口共用通道。此时要考虑与建筑物的协调设计，并可将其他设施统一起来进行复合设计。此种处理方法其出入口要有醒目的标识，以便外部行人发现和利用。②设置在人行道上。在人行道设置出入口使步行空间变得狭小，且会阻挡街角的通透性，使街角景观变得复杂。因此，出入口部分在街角空间被单独设置时，要扩大人行道，以确保空间流畅。另外，地上的构筑物设计应尽量与街角空间其他设施一体化设计（图4-43）。有时，街角建筑后退，在交叉路口形成步行广场，与过街廊道和地下步道结合在一起，成为市民的休闲广场，具有良好的社会效益。

综上所述，立体化衔接空间设计的时候，必须从城市空间入手，将连接体作为建筑群中的组成部分整体考虑。在环境设计中，使它的环境气氛同交叉路口的整体气氛一致；在空间设计中，将其空间纳入城市整体空间序列中；在景观设计中，使其处于整体城市景观集合之中；在总体设计中，表现出与城市整体相一致的城市品位。

建筑空间和城市空间的层叠，其实质就是城市空间的垂直运动，并在垂直运动中加强建筑与城市的整合，从而起到改善环境质量、促进城市机体运作的功效。

4.2 建筑的群体形象关联设计

我们在讨论交叉路口的建筑形态时，要关注的不仅仅是一幢独立的建筑，而是围绕着路口的一组建筑，是一个整体的概念。

首先要明确交叉路口空间设计的大方向，是要创造一个精彩的城市观点，或是营造一处宜人、轻松且充满生机的城市公共活动空间，还是把高效、便捷的城市交通组织放在第一位。其次，每幢建筑都是这个整体的一个组成部分，是这个整体中的一个局部。交叉路口建筑的群体形象设计，既要充分考虑这组建筑与周围环境的作用关系，也要考虑它们相互之间的形象关联设计。

4.2.1　确定控制性建筑，实现群体形象的差异化

交叉路口作为一个具有城市节点属性的建筑组群，要保证空间形态的整体性，设计时就必须分清层次，有所侧重，实现群体形象的差异化。在交叉路口的众多功能空间中，必须依据交叉路口所处的城市具体环境和规划设计总体目标对众多的元素进行分析，区分出哪些空间是主要的，须加以突出和强化；哪些是相对次要的，可以灵活处理。有了总体的目标和指导性的原则，在每个建筑具体形态设计时，才能把握一个处理的"度"，既做到详尽细致，又做到有张有弛，使交叉路口中的各种不同的形态和空间形成一个整体，而每幢建筑都能在交叉路口中扮演一个恰当的角色。

在这个建筑的舞台上，必然存在具有主导地位的演员，它可以组织并带动其他角色，更好地形成交叉路口建筑的协调统一。作为视觉焦点建筑，在设计创作中不仅要考虑建筑自身的元素，同时还要考虑到周围的建筑元素，以及自身建筑设计对周围建筑和所在城市空间的影响。

在群体设计中运用图底关系理论具有十分积极的意义，正如美国学者罗杰·特兰西特所说："一种预设实体和空间构成的'场'决定了组织格局。它可以通过设置某些目标性建筑物或开敞空间，而使场得到强化。"

（1）道路格局的影响

对于不同的道路交叉口形式，对应的标志性建筑的位置也各不相同。建筑平面形态布局应根据建筑在街道中的地位体现主次性，突出重心及视觉中心，弱化次要构成要素（图4-44）。在交叉路口建筑设计中，使视觉中心为主、其他要素为辅是保证控制性建筑中心地位的关键。

在严整的构图中，处于中轴线上或是轴线中心位置的建筑最重要；根据透视原理，当某个建筑与其他建筑平面呈不规则角度，易形成反差；当建筑相对其他建筑

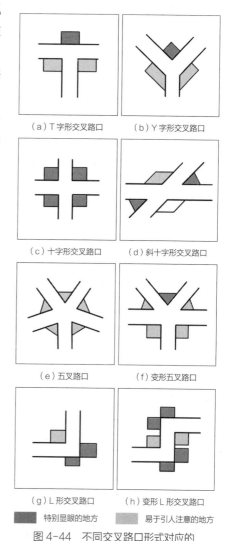

（a）T字形交叉路口　　（b）Y字形交叉路口

（c）十字形交叉路口　　（d）斜十字形交叉路口

（e）五叉路口　　（f）变形五叉路口

（g）L形交叉路口　　（h）变形L形交叉路口

■ 特别显眼的地方　　▨ 易于引人注意的地方

图4-44　不同交叉路口形式对应的建筑的标志性

在位置上后退、前凸较多，易形成反差。总之，要使建筑看起来重要一些，位于序列中心或是产生形态变异都是可行的办法。

（2）朝向的选择

光的运用要根据表达的情感、空间的性质以及所要求的功能特性等因素综合考虑。

在建筑设计领域，建筑的朝向被认为是极为重要的考察因素，在交叉路口空间的设计中，不仅是为了获得充足的阳光，还要考虑光线与阴影关系对于控制性建筑所起到的加强或抑制的效果（图4-45）。

1）与正北方向45°斜交

如图4-45（a）（b）所示，正南方向大角度日照受建筑遮挡。因此，该情形下交叉路口空间的日照条件具有先天优势。同时，路口南侧的建筑为保证其自身内部享有充足的阳光，将建筑主体靠近路口边缘布置，北侧建筑亦通常后退形成入口广场。在此情形下，南侧建筑并不需要为减少对路口光线遮挡而退后、退台或降低高度，其北部立面也因缺少光线而不利于近距离观赏，因此，此处是交叉路口标志性建筑的理想场所。因其同时具备了光线、尺度、广场等多项有利因素，可布置标志性较强、适于远距离观赏的建筑物。对于北侧建筑则应在广场附近考虑近人尺度的关怀。

2）与正北方向垂直或平行

如图4-45（c）表示出在此种情形下的光线投射方向和建筑物主要投影区域。由于与前述同样的原因，南侧的建筑主体常紧邻道路布置；而北侧建筑使主体退离道路，并且在北方，多数情形下将主入口置于光线充足、空间较开敞的南侧。此时交叉路口控制性建筑需要根据

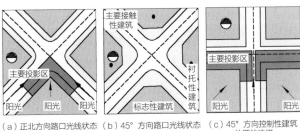

（a）正北方向路口光线状态　（b）45°方向路口光线状态　（c）45°方向控制性建筑位置的选择

图4-45　光线对交叉路口建筑的影响

具体的建筑功能进行分析。为改善前述的缺陷，可以将南侧建筑角部形成退台叠落，使城市中心区道路交叉口空间路面有可能获得斜向日照。

（3）特色强化的方法

交叉路口的控制性建筑应具有以下一种或几种基本特色，对这种特色加以强化，不仅可以使交叉路口的建筑特色得以加强，而且可以突出交叉路口的空间特色。

1）空间主导特色

由于控制性建筑所具有的形象个性和占据的空间位置的特殊性，它除了具有一般建筑的审美意义和使用功能外，还要更多地服务于城市。通过给人以心理和行为上的暗示，形成交叉路口空间整体的空间流动性和空间导向性（图4-46）。

2）个体独创特色

张锦秋先生在揭示标志性建筑的共性时提出：标志性建筑必须具有"优秀的设计"特征。所谓"优秀的设计"除了建筑与城市空间协调以及功能合理外，主要指的就是标志性建筑应该能够区别于其他建筑的建筑形象，换句话说就是应该具有个体的独创性。

交叉路口的控制性建筑，可识别性是它区别于其他建筑而成为焦点建筑的首要条件之一。一幢建筑无论其所在位置如何重要，无法从所在环境中脱颖而出，就不可能吸引人的视线成为焦点。因此，交叉路口的控制性建筑在和整个建筑群体协调的基础上，应该具有自身的个性特色，以此形成这个节点的形态控制点（图4-47）。

3）历史文化特色

由于交叉路口的城市意象性，作为交叉路口的控制性建筑，要表征这个节点的整体特色，因此往往需要承载着更多的文化内涵，以此得到城市环境的认可（图4-48、图4-49）。

4）广告效应特色

由于交叉路口控制性建筑位置与造型的独特性，它成为具有宣传价值的广告性建筑。其广告性所带来的经济效益是非常巨大的。因此要充分利用这种广告效应，使建筑与城市同时获益。如图4-50为上海南京路上某餐饮建筑，在人流密集的交叉路口，将建筑的转角做成巨大的可乐瓶，形成了强烈的广告效应。

（a）街角建筑形象　　（b）交叉路口形状

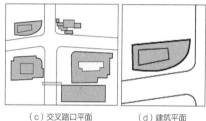

（c）交叉路口平面　　（d）建筑平面

图4-46　北京市西单北大街与辟才胡同交叉路口中国电信综合楼

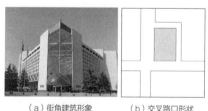

（a）街角建筑形象　　（b）交叉路口形状

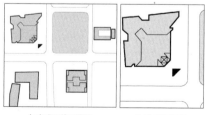

（c）交叉路口平面　　（d）建筑平面

图4-47　北京市西长安街与西单北大街交叉路口中国银行总行大厦

图 4-48　上海淮海中路交叉路口建筑　　图 4-49　纽约福勒大厦

（4）对比突出的方法

组成建筑统一有机体的各元素之间，客观上势必存在差异，变化较大的形成对比，变化不显著的形成微差。对比与微差可以简单地理解为突变与渐变的关系。突变容易强调重点，而渐变容易产生协调。

1）高度的对比

一般来讲，建筑形态中的垂直要素比水平要素更容易成为视觉的重点，因此许多标志性建筑具有较高的高度。在交叉路口的水平延展面上，如果出现了一幢强调竖直方向的建筑，无论它的体量大小，只要它在高度上足以控制空间，那么它在构图上势必会形成控制性的地位。它所形成的空间张力必然会牵动整个空间，构成空间的核心。城市中的人群在很远的地方就可以感知到这个交叉路口的存在，给人以引导的作用。在这样一个控制性因素存在的条件下，其他建筑应当尽力谦和，以映衬和协调为主要方式，以求得空间秩序的统一（图 4-51）。

2）造型的对比

造型上的变化势必会带来视觉审美的突变。控制性建筑可以在形态元素上与其他类建筑形成对比，以此来表达更多精神和文化内涵。例如倾斜的、扭曲的建筑比平直的更容易表达出后现代主义的结构手法；体积感强的建筑，形成丰富的落影变化和错落的体块穿插，比二维的平面更容易成为重心（图 4-52）。

图 4-50　上海南京路交叉路口某餐饮建筑转角

3）态势的对比

道路上大部分建筑呈静止状态，而在静止环境中采用动态的造型，或是一种由力的趋向性原理产生的类似运动的视觉感知，可称之为"似动"。强烈的动感效果可以加强控制性建筑的视觉冲击力。例如形态的残缺和异形产生的动感；重心的失衡产生的动感；流动的点、线、面的削切，离心运动产生的动感。

4）色彩的对比

建筑作为一门视觉艺术，除了用造型来塑造美以外，也常常有意识地借助色彩的魅力来增强审美效果。一般来讲，暖色，明度高、纯度高的色彩具有前进性；相对的，冷色，明度低、纯度低的色彩具有后退性。因而，如果在一个交叉路口空间想塑造一个突出的、紧凑的建筑形象，应该用具有前进性的色彩来处理这幢建筑（图4-53）。

5）虚实的对比

根据格式塔心理学理论，我们可以知道，一个图形

（a）交叉路口建筑单体　　　　（b）交叉路口建筑群体　　　　（c）交叉路口形状　　（d）交叉路口平面

图4-51　北京市建国门外大街与日坛路交叉路口国际大厦A座

（a）交叉路口建筑单体　　　　（b）交叉路口建筑群体　　　　（c）交叉路口形状　　（d）交叉路口平面

图4-52　北京市建国门内大街与朝阳门南小街交叉路口北京国际饭店

（a）交叉路口建筑单体　　　　（b）交叉路口建筑群体　　　　（c）交叉路口形状　　（d）交叉路口平面

图4-53　北京市西二环与复兴门内大街交叉路口百盛购物中心

  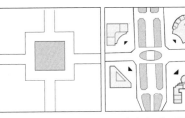

（a）交叉路口建筑单体　　　　（b）交叉路口建筑群体　　　（c）交叉路口形状　　　（d）交叉路口平面

图 4-54　北京市东二环与东四十条交叉路口新保利大厦

之所以成为图形，必然是由于这个"图"与"底"之间存在差异才能被感知。对于交叉路口的控制性建筑，不是一定要求它必须是"实"或是"虚"，而是说，在坚持总体统一的前提下，可以使它通过与其他建筑的虚实对比而具有较强的识别性（图 4-54）。

在交叉路口的控制性建筑设计中采用对比的手法，目的就是突出它的焦点性与核心性，但是达到这种目的的前提之一就是形成所在环境的整体性。进一步讲，一座建筑能否成为合理的、成功的控制性建筑，不能仅仅通过一种手法，也就是说，它首先得成为恰当的"交叉路口建筑"，然后才能进一步成为交叉路口的控制性建筑。

4.2.2　协调建筑形态，体现群体形象的整体性

建筑群体形态的协调统一是积极的交叉路口空间的基本特征之一，是一切空间形态与空间意象形成的基础。积极的空间虽然富于变化，但必须拥有一个统一的主题和一致的构成特征，以突出该空间群体形象的整体性。任何建筑形态的生成都不是偶然孤立的，而是建筑师在对基地及城市空间诸多条件深刻认识的基础上，结合项目的内在特点创作的结果。

与其他城市外部空间相比，交叉路口所容纳的城市活动类型多且相互交叉，建筑的功能性格与审美性格各具特色，因而交叉路口建筑群体形态的有序组织就更加重要。

（1）恰当的空间聚合感

道路交叉口空间要尽可能给人以聚合感。根据心理学原理，聚合性的空间更容易使人产生整体感。因此，

交叉路口空间建筑形态的协调统一首先应具有良好的聚合形态。这种聚合状态表现为建筑对于交叉路口空间环境的围合、建筑动态趋势的统一与协调。

罗伯特·舒尔兹（Christian Norbcrg-Schulz）认为封闭性与场所之间的关系是："任何场所的共同特征是其封闭性，场所的风格及中间特性亦取决于其封闭方式。"因此，要想在交叉路口营造出一个积极的城市空间和特定的城市活动场所，就必须保证交叉路口边界的完整性，形成一个肯定、明确的空间界定。与建筑空间的营造不同，交叉路口的形成过程是先有道路、后有建筑，而对道路而言，通畅性的要求远甚于封闭性，这就造成了交叉路口空间边界完整性的先天不足。但交叉路口空间的边缘主要是由其周围的建筑来界定的，因此我们可以通过周边的建筑形态设计来弥补这个不足，加强交叉路口空间的完整性。空间围合感的建立包括水平与竖直两个方向的围合，具体手法前文已经讲过，在这里就不再赘述。

建筑动态趋势的统一也是形成空间聚合感的重要因素之一。由于交叉路口空间的流动性，建筑的体量或界面常常具有某种方向感或引导作用，呈一种动态趋势。无论是形成向心性的点状空间形态，还是形成轴线式的线状空间形态，在总体控制之下，置于其中的建筑形态应该与这种空间形态的趋势具有一致性。只有这样，整个空间才是协调统一的，空间的场所精神才能表达得更清晰明确，而不至于出现混乱交错的局面。

（2）装饰与风格的协调

风格是形式的抽象或升华，所谓统一的风格，是指那种寓于个性中的共性的东西。有了它犹如有了血缘，使每个个体发生内在联系，使人产生共鸣，从而达到整个风格的统一。

建筑风格沉淀了城市历史与地域的不同文化。交叉路口的各个建筑大多是不同时期的产物，每一幢建筑都应当以一种谦虚和谐的态度融入进来（图4-55）。这样整体的效果才不会因为时间的延续而减弱。正如美国著名城市设计理论家埃德蒙·培根（Edmund N.Bacon）所说："正是后继者决定了先行者的创作是湮没还是流传下去。"这种来源于时间上的协调对一个空间场所的

（a）国家海洋总局

（b）教育资源中心

（c）广电总局大厦

（d）百盛购物中心

图4-55　北京市西二环与复兴门内大街交叉路口建筑

图 4-56　美国波士顿汉考克大厦

营造起到非常重要的作用。在旧有街角空间环境中增加新的街角建筑,与两侧街道相协调,完成街角空间各建筑共处的方法有很多种。

1) 模拟式

模拟式指使交叉路口建筑之间在体量上、风格上、装饰上甚至色调上都采取十分相似的处理手法,一般应用于旧有的交叉路口空间,环境具有较强的文脉制约。

2) 折中式

折中式是采用基本相似的形式和局部特征、片断,但对它们重新组织并作适当变形,即打散旧关系、重组新秩序,产生一种亦新亦旧的感觉。这种手法一般适用于交叉路口虽有统一的建筑风格但又略有自由度的情况。

3) 隐喻式

捕捉旧建筑形式的艺术特征和精神实质,在新建筑设计中加以体现。这种体现是经过提炼、抽象,升华了的。这种方法既突出了旧有交叉路口建筑的艺术特征,又给新建筑以极大的自我表现空间。

4) 衬托式

通过新旧建筑适当的反衬,更充分地表现旧建筑的艺术魅力。但这是一种难度很大的创作方法,要掌握好尺度,否则就无法达到新旧建筑在交叉路口环境中的协调统一。例如美国波士顿的汉考克大厦(图 4-56),是一幢位于十字交叉路口的建筑。交叉路口的另一个街角有一座古老的教堂,汉考克大厦的外表面饰以光洁的镜面玻璃幕墙,邻广场一面连续的玻璃面直达地面,保证面的完整性与整体性,与教堂丰富的轮廓线、柱廊以及精致的细部装饰呈现强烈的对比,从而增添了教堂的艺术感染力。

5) 隐匿式

新建筑沉入地下是最常见的隐匿手法,但这里要讲的是地面上的新建筑隐藏自身形象的方法。此处更确切的意思是"趋于最少的形象性"。仍以汉考克大厦为例,其所面临的难题是以 60 层的高度不压倒处于另一街角的控制性建筑——理查德逊大教堂。它最大的成功在于采用镜面幕墙,当向上仰望时,建筑形象几乎消失;另外,塔楼平面右边转角为锐角,从广场观察时,塔楼变成了一个两向度的虚立面,很大程度上隐匿了自身形象,从而保持了教堂的优势地位。

（3）屋顶轮廓线的和谐

屋顶轮廓线包括高低与形式两方面的内容。建筑顶部的高度对于空间的围合起到非常重要的作用。对于以体量组合为主的建筑物，轮廓线的变化主要由一定角度看到的边缘控制点决定，经过精心设计的控制点不仅确定一种力的张拉关系，而且使群体体量产生连续的和谐关系。

建筑顶部的形式设计既是上下部设计要素的总结，在视觉上又是建筑立面的终结，同时又是丰富街道天际轮廓线可调动的重要手段。

（4）色彩与质感的平衡

色彩和质感是组成环境最基本的因素之一，交叉路口空间环境色彩与质感对于我们视觉感知来说是一个非常重要的因素。环境色彩不同，人们通过视觉获得的感知也就不同；质感不同，人们的心理感受也就不同。

1）色彩

空间色彩的选择和运用应符合色彩的统一、变化原则。空间中各物体表面各种变化色彩，在色相、明度、彩度三要素中，任何一项的一致都可以促进色彩组合的协调统一。对于群体建筑而言：①首先应确定空间色彩的基调。基调对视觉起主导作用，而其余部分起到配合和烘托的作用。基调必须统一，并契合空间氛围。例如在以突出历史文脉特色为主的交叉路口空间，建筑采用灰暗浓重的色调使人感到底蕴深厚。②建筑界面色彩的选择要符合地域特征。例如在寒冷地区交叉路口空间，建筑可通过选用红、橙、黄等色彩提高空间的温度感觉。③为突出空间中的主体，背景色宜采用中明度、低彩度的色彩，以起到衬托的作用。有主有次，才能体现空间的整体感。④整个群体空间的色彩，应与周围区域环境色彩相协调。

色彩还有距离感觉。近色又叫近感色，远色又叫远感色。一般高明度的暖色有凸出或扩大的感觉，为近色；低明度的冷色有后退、缩小的感觉，为远色。交叉路口是一个寸土寸金的地方，在建筑形体无法改善空间尺度感的时候，我们还可以利用色彩来调整空间的尺度、距离等感觉。另外，色彩通过视觉的作用，可以表达不同的情感特征（表4-1）。

各种色彩的情感特征 表4-1

色彩	情感特征	色彩	情感特征
红	热烈、庄严、兴奋	蓝	清秀、广阔、朴实
橙	热情、严肃、快乐	紫	珍贵、华丽、高贵
黄	明朗、欢快、活泼	黑	沉闷、紧张、恐怖
绿	美丽、自然、大方	白	明亮、淡雅、纯洁
青	美丽、朴素、冷清		

一些色彩由于饱和度强，对眼睛的刺激大，容易疲劳，这种现象叫疲劳感。色相过多，彩度过强，明度、彩度相差太大也容易使人疲劳。在以交通性为主的交叉路口，建筑设计应尽量避免使用这样的颜色；即使使用，也只能用于调整局部活跃的小尺度元素。

因此，在进行交叉路口建筑色彩的选择和运用时，应本着"求同"的原则，根据统一的序列，使整个空间的建筑色彩存在某种统一因素，从而产生整体感、统一感和序列感，产生适度的平衡美的效果。但是这种色彩基调的选用，必须慎重考虑不同色彩对空间产生的影响（图4-57）。

2) 质感

质感是通过材料质地与肌理来实现的，也可以用人工方法制造出某些特殊的质感效果。粗质感显得粗犷有力，表情倾向于庄重、朴实、稳重，室外公共构筑物工程较多采用，以显示其坚固的性格；中质感性格中庸，但表情丰富，耐人寻味，一般公共和民用建筑室外较多采用；细质感多用于细节处理或室内装修。交叉路口建筑材质的选择不但应反映其内部功能，而且应同街道性质和空间定位相适宜，充分表达人性与情感的空间特质。

因此，在交叉路口建筑群体的形象关联设计中，颜色与质感的处理是一个综合问题，要结合平面布局、体量、朝向等因素进行。这既涉及新旧建筑色彩搭配，还有色彩与其依附的形体之间的搭配。因此，交叉路口空间色彩要适于人群的心理感受，要因地制宜、因时而生。

（5）自然丰富的光环境

有"光"便有"影",自然的光影变化是建筑的造型表现中最为丰富的语言和最为动人的表情,它能给静止的空间增加动感,给无机的墙面以色彩,能赋予材料更真实的质感表现。

赖特认为,只有阳光照耀着的空间,才能使人的精神振奋,达到最高的境界。因此,应使空间中充满阳光、阴影和反射光,这些光要彼此配合,恰到好处,才能使人享受到美的效果。

从大的方面来看,整个建筑群体之间形成的参差错落的光影,强化了控制性建筑的地位,突出了实体与空间的关系。利用光产生明暗对比和光影对比的效果,并配合空间的收、放,可以达到渲染气氛、协调群体形态的作用。

如果从建筑本身来看,各个建筑的构成要素也会随着自身形态的丰富多变而制造出具有节奏性和韵律感的光影变化。但应注意亮度转变所产生的影响。由高亮度处转向低亮度处,由于人眼适应需要较长时间,所以应有缓冲的余地。

（a）安永大楼

（b）中国农业银行大厦

4.2.3 交叉路口建筑与沿街建筑

交叉路口建筑不仅应该考虑交叉路口空间特质,还应该考虑与沿街建筑的关系。交叉路口不是城市的孤立点,它与城市其他部分特别是街道,有着非常紧密的联系。交叉路口建筑与沿街建筑的联系反映在形态、街道开放空间选择等多个方面。

（1）具有属于两侧沿街建筑的共同属性

交叉路口建筑也是沿街建筑,因此具有沿街建筑的普遍属性。即具有沿街建筑所共有的特征,符合沿街建筑所形成的韵律与节奏,与沿街建筑共同形成和谐统一且富于变化的天际线。形式上,檐口线、装饰母体、材质色彩的运用以及虚实的处理都要结合沿街建筑共同考虑,重复与韵律常常会达到事半功倍的效果。功能上,与沿街建筑一同强化所在街道的空间氛围,功能符合匹配原则,形成系列性,促进文化与消费的进步。空间上,协调整体空间尺度,符合街道的整体空间秩序,呈现出

（c）民生金融中心

（d）东单体育大厦

图 4-57 北京市东单北大街与东长安街交叉路口建筑

一种节奏感，以人的观察方式为参照，通过建筑体量、间距等空间变化形成空间序列。

沿街建筑强调街道的流动性与导向性。因此，交叉路口建筑必将与沿街建筑一同延续这种属性。空间的动态组织是指视点不断移动的动态观察对外部空间的组织要求，是对外部空间变化的知觉形象的组织，是运动中空间与时间的统一，是多个空间之间的协调处理。在交叉路口处，道路交叉形成的缺口必然削弱这种连续性，因此，街角建筑对这种延续感的弥补必然成为设计的重点。

（2）具有属于交叉路口建筑的特殊属性

交叉路口建筑又是一种特殊的沿街建筑，因此它具有一些与一般沿街建筑所不同的特性。首先，它要突出道路起止点建筑的视觉形象，以达到提示空间特征、成为视觉控制点的目的。街角建筑是沿街建筑的起点与终点，标志一个街区的开始或结束。因此，街角建筑常常通过高度、体量、造型、色彩等方面突出其区别于沿街建筑的可识别特征。其次，沿街建筑的沿街立面是设计的重点，在道路上行走的人很难观察到沿街建筑的其他立面。因此沿街建筑的设计重点在于对"面"的处理。由于交叉路口建筑处于多条道路的交叉口，具有多个不同方向的观察视点，人很容易感受到它的体量，所以交叉路口建筑的设计重点在于对"体"的处理。最后，空间诱导不同。建筑空间设计中的动态艺术，是在第四维度——时间上建立起三维空间景观感受的连续性。因此，外部空间设计中，应该有计划地引导人们的行为及路径。交叉路口建筑体现对方向转折的诱导，沿街建筑体现对方向延伸的诱导。在设计过程中，对这种空间的转换、空间性质的转变应该有合理的暗示和充分的过渡，这样既不会使人感到过于突然，又对于空间诱导的变化有足够的感知。

为了与交叉路口呼应及优化交叉路口空间，交叉口建筑常会在形体处理手法和整体方向上与沿街建筑有所不同。这往往会带来交叉路口建筑与沿街建筑的矛盾，如何处理好这个矛盾以保持城市形态的一致与完整是建筑处理的关键。

在实际设计当中，这两种属性常常是共融共通的，它们相辅相成、相得益彰。

4.3 建筑的生长与城市形态

城市是一个不断发展和自我更新的社会有机体，交叉路口作为城市的重要节点，同样是随着社会经济和城市价值观的发展而演变着。建筑形态的变化受交叉路口功能和作用的改变的影响，同时建筑形态的改变也促进了交叉路口在城市中所扮演的角色和所处的地位的演变，两者是相互影响、相互促进的。

4.3.1 在空间维度上的生长

城市不仅仅是作为建筑物的总和而存在的，建筑本身也不是孤立的。正如为了方便研究身体的细胞而将它人为孤立起来，实际上我们永远无法打破它与其他细胞的联系。

交叉路口空间是一个具有层次性的空间，它的存在绝不是孤立的。作为城市中的节点性空间，它的交通汇聚作用必然牵动着它周围区域的相关城市空间发展。随着交叉路口空间的不断完善，它在空间维度上将发生圈层式生长和线性生长。

圈层式生长具有均衡的面性生长特点。城市沿这些道路向外发展，犹如张开的手指，不断地向外渗透开去。这种渗透常常是基于功能特点的。如以办公为主体的节点空间，当它在这个空间形成了一定的办公建筑氛围，那么它的感召作用将产生群聚效果，使这个群体的规模不断壮大，吸引来更多的办公建筑以及与之功能相匹配的其他建筑，例如酒店、公寓、健身、娱乐等配套设施，最终将与多个与之相邻的交叉路口空间共同形成一个具有一定规模的中央商务区。这种情况更容易出现在商业区当中。交通发达区本身就是商业密集区，而这种空间的流动性必然会带动商业区范围的扩大。但与城市的生长不同，这种扩大是有限度的，这个限度与该区域所处的城市位置、交叉路口的等级以及人们的生活水平相关。

线性生长具有不均衡的特点。轴线是城市规划设计中经常运用的一种设计元素，有的是建成之初就有了，有的是在城市发展过程中形成的。一旦产生了轴线，形态就有了一个生长的基准，沿轴线生长是生命形态中极其普遍的，无论是参天大树还是花花草草都是如此。在这种发展的模式中，当交叉路口处在某根城市发展的轴线上，必将成为这根轴线上的节点。而它的节点性必然会起到促进轴线继续发展的作用，并且在这一点上产生副轴，从而使这条线性空间向更多的方向发展。

圈层式生长和线性生长是交叉路口生长的两种基本模式。它是城市街道网络均衡或不均衡发展的结果。实际上，这两种倾向在城市街道网生长中是并存的。它们生长的规模和效应要根据交叉路口空间的城市等级来确定。但无论怎样，交叉路口的生长都会或多或少地影响它周围城市建筑的发展。因此，在交叉路口建筑的功能定位以及规模选择上，必须以发展的眼光去看待问题。

4.3.2 在时间维度上的生长

一切事物都处在发展变化当中，城市也一样，不但要从空间维度上认知，还应从时间维度上了解它的生长。对于历时性的城市空间形态，更应该关注城市空间形态在发展演变过程中的深层动因，力图透过纷繁复杂的物质空间表面，去挖掘、探索它自身发展的历史规律、文化脉络，以及物质空间要素背后所呈现的社会、政治、经济、科技、文化等内在动因。

在这个意义上，交叉口空间也是城市在时间维度上积累的过程。随着城市道路的产生、建设和发展，人类在不断建造适应自身生活与发展需要的空间环境与建筑环境。同时，社会文化价值观也随之更新变化。被人们共同认可的得以保留、延续，融入历史文脉，城市空间因此获得丰富的文化内涵。

这种以共同信仰为基础的社会文化环境是人类想象力自由驰骋的精神空间。它不再仅限于对建筑空间精神本身的追求，而是上升到要得到对于空间环境所引发的人类活动的需求与感受中，它和空间环境一起，构成了一种对于个人信仰与理念满足的境界，表达了人们的内心意念与情趣，反映了某种群体意识，并为一定地域的人们所认同。人们在某种环境中感到的氛围不只是来自于环境本身，还从环境中人与人之间的面对面的交流中得到满足。这种社会性的需求，随着时代的不同而有不同的表现。

在社会经济、文化高度发达的今天，人已成为城市中最根本的因素。满足人的需求、为人提供更好的生活空间已成为城市发展最根本的目标，因而人性化也已成为城市空间发展的一种必然趋势。城市交叉路口作为城市活动集中的城市外部空间节点，也必将会越来越注重空间的这种复合属性。交叉路口如果有变化多姿的形态，有活跃丰富的空间氛围，有容纳各种城市活动的空间和场地，并且人们很容易参与其中，人们就会感觉这个空间是亲切、易接近和富有吸引力的，这个交叉路口空间才是积极的空间，反之则是消极空间。

城市进入了高速发展时期，科技也为人们提供了更多的设计手段。与此同时，人们也越来越意识到城市活力的重要性。人们在拥有物质需求的同时也渴望精神的充实，并且开始思索物质需求与精神需求之间的关系。交叉路口在经历了以居民室外活动为主的宜人空间，到喧嚣冷酷的交通枢纽，再到强调城市活力、集合多种城市功能的城市外部空间节点，它的演变总是与时代的发展和社会的变迁紧密相连。交叉路口的建筑形象也在不断更新，随着新功能、新技术、新理念的出现，充分地表达了时代的审美特质及建筑师的美学观念。交叉路口空间给了建筑一个特殊的舞台表现自我，建筑又通过自身的变化发展而促进这个舞台的提升。

行人已经成为城市外部空间的主角，成为交叉路口建筑设计的重点关注对象，城市道路的交通组织也正进行着深刻的变革。这些变化既对交叉路口建筑设计提出新的要求，同时，也为交叉路的特色设计提供了新的契机（图4-58）。

由此可见，交叉路口中心的"形"与交叉路口建筑之间存在着相互作用力。不同的空间感受对应的建筑群体的布局与形态是不同的。随着城市的高速发展，空间立体化已经成为必然的发展趋势。交叉路口建筑是一个整体概念，每幢建筑都是这个整体的一个组成部分。在这个整体当中，既要选择恰当的控制性建筑强化整个空间氛围，又要协调、统一各个建筑形态，使其具有整体特色。不仅如此，还要从空间维度和时间维度，以发展的眼光分析交叉路口建筑的动态性。

图 4-58　美国纽约时代广场

结　语

　　任何一幢建筑都存在于一个特定的时空环境中，对环境作深入的分析必将有助于建筑设计思考的深化。因此，研究环境制约下建筑的生成，非常重要。

本书选择交叉路口作为研究对象的载体，通过大量的实例研究与比较分析，期望总结出城市交叉路口建筑的设计策略和设计方法，并指导实践。同时，使建筑师意识到，每一幢建筑的设计都应充分考虑其所处的空间环境，以及建筑建成后所形成的新的空间秩序。

1. 本书对城市交叉路口的现状进行了研究。

它们是城市意象的"标志点"，是街区与街区的"过渡点"，也是城市生活的"汇聚点"。然而，我国现阶段对于交叉路口这一特殊环境制约下的建筑设计，仍旧存在大量问题，包括对城市整体形象的协调不足、对街道空间构成的利用不当，以及对建筑转角处理的手段匮乏等。这些交叉路口建筑由于没有积极地利用自身的特点和优势而流于平庸，甚至成为城市的败笔。由此可见，对交叉路口建筑设计的探讨具有较为广泛和深刻的现实意义。

2. 本书从三个层面对城市交叉路口建筑的特性进行了解析。

首先，从城市层面解析了交叉路口建筑群体具有城市节点性，对城市意象、城市记忆以及城市生活起到重要的作用。其次，从街道层面解析了交叉路口建筑是街道空间流畅衔接的重要途径，道路格局、交通组织以及道路的方向性都是交叉路口建筑设计的重要制约因素。最后，从建筑层面解析了交叉路口建筑的转角对建筑形态、功能以及结构的重要性。这些解析是交叉路口建筑设计的前提条件。一方面，这些因素会对设计的可能性、任意性造成限制；另一方面，它们也能激发设计灵感，成为交叉路口建筑设计的特色所在。

3. 本书提出城市交叉路口建筑单体的设计策略。

通过对特定场所环境的深入分析，以及对建筑本体的细致思考，提出了场地布局整体化、转角造型特色化、沿街界面导向化、内部空间有机化等适合于交叉路口这一特定空间环境的建筑单体设计对策，并归纳总结了实现这些对策所需要的设计方法。

（1）建筑场地布局的整体化

无论是出隅型街角建筑、入隅型街角建筑还是组合型街角建筑，建筑的场地布局都要充分考虑到交叉路口的整体地段环境。

（2）建筑转角造型的特色化

①通过角部独立形体、材料质感的对比、技术逻辑的夸张，强化建筑转角，突出建筑形态的标志性。②通过外弧线、切线、折线、内凹线等角部处理手法，钝化建筑转角，突出建筑形态的连续性。③通过材料、体量、布局等虚化处理建筑转角，突出建筑形态的融合性。④通过对多种创新形式的叠加，突出建筑形态的创新性。

（3）建筑沿街界面的导向化

交叉路口建筑界面作为建筑的外表面和交叉路口的空间界面，应与交叉路口空间人们的主要观察视线以及主要运动流线具有一定的呼应关系，对处于这个环境中的人们在视觉和知觉上起到引导作用。

（4）建筑内部空间的有机化

建筑形态设计的实质是寻求内部空间与外部形式的统一。建筑内外空间的协调与有机是建筑完成的必要条件。

4. 本书提出城市交叉路口建筑群体的设计策略。

首先，研究了交叉路口建筑的群体空间关联设计。交叉路口在空间力的作用下，建筑群体空间具有方向性、围合感、立体化等场所特征。其次，研究了交叉路口建筑的群体形象关联设计。交叉路口作为一个整体，建筑群体形象既要满足差异性，又要体现整体性特征。通过对建筑群体在一定深度和广度上的探讨，不仅能够使建筑单体设计更加完善，而且可以使交叉路口这个空间环境更加有机与和谐。最后，本书还提出交叉路口是一个在时间维度和空间维度上不断生长的有机体，要以发展的眼光看待交叉路口建筑的动态性。

随着城市活力的复苏，行人再次成为城市外部空间的主角，成为交叉路口建筑设计的重点；伴随着城市交通规划的深入，城市道路的交通组织正进行着深刻的变革；随着土地使用效率的日益提高，城市生活方式将不断向高密度、更集中的形式发展……这些变化都将对交叉路口建筑设计提出崭新的要求。同时，这也是一个契机，为创造一种更人性化的积极的交叉路口空间提供了有利的条件。

交叉路口空间给了建筑一个特殊的舞台表现自我，建筑又通过自身的变化发展而促进这个舞台的提升。

附录 1

北京市部分城市交叉路口建筑单体设计案例

北京市部分城市交叉路口建筑单体设计案例

(一) 金融街片区

金融街片区位于北京市西城区。此次调研以西二环（阜成门北大街）、平安里西大街、西四大街、复兴门内大街内围合区域及道路两侧建筑为主。此区域建筑功能以办公为主，辅以商业、文化、酒店、公共服务等。调研建筑共15处。建筑风格较现代，多用玻璃幕墙、混凝土、格栅等材质。

在道路等级方面：其中位于快速路与主干道交叉口的1处，位于主干道与次干道交叉口的3处，位于主干道与支路交叉口的9处。

在交叉路口形状方面：正十字路口14处，一边斜十字路口1处。

在建筑与路口交接方面：在转角处设置出入口的11处，在两侧道路上设置出入口的4处。

在建筑转角设计手法方面：强化手法包括部独立形体1处、错接式外接式外弧形转角2处、切线形转角6处，水平折线形转角1处。虚化手法包括底层架空2处。

基本信息				道路信息				建筑信息				转角处理手法		实景照片	
序号	建筑名称	建筑年代	建筑规模(m²)	道路1	道路2	道路等级	路口形状	空间行为	建筑功能	转角材料	转角功能	建筑用地	建筑体量	布局	体量	交叉路口建筑	交叉路口建筑转角
1	梅兰芳大剧院	2007	13000	西二环	平安里西大街	快速路&主干道	十	穿行	剧院	玻璃(虚化)	过廊			出隅	钝化		
2	北京产权交易所	2003	8000	金融街	金城坊西街	次干道&支路	十	穿行	银行交易	石材玻璃(强化)	银行门厅			入隅	虚化		

基本信息			道路信息					建筑信息						实景照片	
序号	建筑名称	建筑年代	建筑规模(m²)	道路1	道路2	道路等级	路口形状	空间行为	建筑功能	转角材料	转角功能	建筑用地	建筑体量	转角处理手法		交叉路口建筑	交叉路口建筑转角
														布局	体量		
3	金融街购物中心	2007	6700	金融大街	金城坊西街	次干道&支路	十	穿行	商业	玻璃	商铺			出隅	钝化		
4	金融街交通银行大厦	2010	30000	金融大街	金城坊西街	次干道&支路	十	穿行	办公	深色面板	办公			出隅	钝化		
5	富凯大厦	2000	12万	金融大街	金城坊西街	次干道&支路	十	穿行	办公	玻璃	办公			出隅	钝化		
6	新盛大厦	2008	18万	金融大街	王府仓胡同	次干道&支路	十	聚集	办公	灰色面板	门厅办公			组合	钝化		
7	中国华融大厦	不详	54000	金融大街	武定侯街	次干道&次干道	十	穿行	办公	玻璃(虚化)	门厅办公			出隅	钝化		

序号	建筑名称	建筑年代	建筑规模(m²)	道路1	道路2	道路等级	路口形状	空间行为	建筑功能	转角材料	转角功能	建筑用地	建筑体量	布局	体量
8	威斯汀酒店	2006	70000	金融大街	金城坊街	次干道&支路	十字	聚集	酒店	石材 玻璃	门厅			出隅	钝化
9	中国人寿大厦	2006	91500	金融大街	金城坊街	次干道&支路	十字	穿行	办公	玻璃	客房			出隅	虚化
10	中国移动公司集团	2000	25000	金融大街	学院胡同	次干道&支路	十字	穿行	办公	玻璃 铝板	办公			出隅	钝化
11	中国银行总行大厦	1999	17万	宣武门内大街	西长安街	主干道&主干道	十字	聚集	办公	玻璃 混凝土(强化)	门厅			出隅	钝化
12	武警部总部北京军西商业回迁楼	1990	53000	宣武门内大街	西长安街	主干道&主干道	十字	聚集	酒店 银行	玻璃	客房 大厅			出隅	强化

基本信息			道路信息					建筑信息					实景照片	
序号	建筑名称	建筑年代	建筑规模（m²）	道路1	道路2	道路等级	路口形状	空间行为	建筑功能	转角材料	转角功能	建筑用地	建筑体量	转角处理手法（布局/体量）	交叉路口建筑	交叉路口建筑转角
13	航天金融大厦	不详	31000	平安里西大街	赵登禹路	主干道&主干道	十	穿行	办公	玻璃 混凝土	门厅			凹出/钝化		
14	新时代大厦	1996	42000	平安里西大街	西直门南小街	主干道&次干道	十	穿行	办公	玻璃 格栅（虚化）	门厅 办公			凹出/钝化		
15	物华大厦	1998	50000	车公庄大街	北礼士路	主干道&次干道	十	穿行	办公 寓 银行	玻璃	办公 银行			凹出/钝化		

建议

一、沿街面的处理

金融街片区内已调研建筑分为两类，一类位于快速路，主干道这种道路级别较高的交叉路口处，另一类位于金融街内部的次干道、支路这种级别较低的交叉路口处，由于道路等级的差异，经过这两类建筑视察的人的主要观察视线以及主要运动流线具有明显差异。道路等级较低的路段以行人行为和非机动车行为为主。不同的运动速率观察到的界面要素不同的，因此在设计时，对两类建筑立面的设计要有不同考虑。

1. 对于道路等级较高的交叉路口的建筑，沿街面宜采用水平线条、或仪底层采用垂直线条。因为水平线条对视线的引导与人运动的方向一致，眼睛的移动几乎不受什么阻碍，能使高速运动的车内的人视觉顺畅。

2. 对于道路等级较低的交叉路口边的建筑，沿街面可划分为多个视觉单元，可以增加视觉丰富性。因此，在设计立面时需要尽量将建筑底层立面进行精细处理，以保证行人在低速移动、长时间对建筑物视审视时的视觉要求。

二、街角空间的营造

金融街内街道路比较窄，部分建筑高度又很高，因此在道路交叉口形成的拥挤感也是比较大的。因此在设计时，通过对建筑体量和环境的把控，可以营造一个和谐、舒适的街角空间。

1. 切线形转角

全金融街片区的建筑高度又很高，部分建筑密度比较窄，因此在道路交叉口形成了一种高楼林立的拥挤感。由于此片区是以办公楼为主，辅以商业，所以平时这里的人流量也是比较大的。因此在设计时，通过对建筑体量和环境的把控，可以营造一个和谐、舒适的街角空间。

为了缓和交叉路口建筑与外环境、交通、视线等产生的冲突，可以使用钝化的处理手法，包括外弧线、切线、内凹线、折线等。将建筑巨大的体量做隐减法，既可以空出一个街角的绝对位置，又能将立面的沿街两侧的街角接起来，共同对外部空间进行限定。在此推荐三种钝化手法。

(1) 切线形转角

将切线形按斜线方向去切去最简单的钝化方法，易于削弱建筑巨大的体量感，而且使交叉口建筑有较强的向心性。对于办公建筑和商业建筑而言，切线形转角提供了一个在转角处设置重主入口和橱窗的绝佳位置，因此需要重细部的设计，如材质、开窗等。

(2) 水平折线形转角

使用折线形转角能够提供给办公空间部分更加实用的使用空间。同时也避免了转角形态的单调，营造出丰富的光影变化。

(3) 外弧形转角

外弧形转角比较柔和的地方，使人流比较大半径的地方，可以采用外弧形转角。

2. 环境与建筑相融合的效果，可以使用虚化的手法。

为了达到让建筑与户外环境相融合的效果，可以使用虚化的手法。对于金融街片区这种办公建筑较多、建筑密度较大的地区，可以采用底层架空的方法，增加街角空间的面积和层次感，给穿行和办公的人一个驻足、休息的空间。通过对室外场地和架空部分建筑小品、绿化、铺装的精细设计，可以使建筑街角设计与外部环境的结合更加自然，也给人更好的体验。

(二) 朝阳门片区

朝阳门片区位于北京市东城区。此次调研以东二环（东直门南大街）、朝阳门北大街、朝阳门外大街道路两侧及周边区域建筑为主。此区域建筑功能以办公为主，辅以商业、酒店、文化等。调研建筑共15处，建筑风格较现代，多用玻璃幕墙、混凝土等材质。

在道路等级方面，其中位于主干道交叉口的8处，位于主干道与次干道支路交叉口的2处，位于主干道与支路交叉口的1处，位于次干道与次干道支路交叉口的2处，位于次干道与支路交叉口的2处。

在交叉路口形状方面：立交十字路口8处，正交十字路口14处，一边斜交十字路口2处，Y形交叉口1处，X形交叉口2处，T形交叉口1处。

在转角处设置方面：转角处单独设置出入口的3处，在建筑两侧或道路上设置由街角线内凹形转角3处，直线式内凹转角1处，平接式外接式建筑转角1处。

在建筑转角设计外弧方面：切线形包括底层架空1处，裙房1处，切线形外弧形转角4处，错接式外弧形转角2处，错接式转角1处，裙房式外弧形转角1处，斜线1处，斜面1处。

基本信息			道路信息					建筑信息							实景照片	
序号	建筑名称	建筑年代	建筑规模（m²）	道路		道路等级	路口形状	空间行为	建筑功能	转角材料	转角功能	建筑用地	建筑体量	转角处理手法		交叉路口建筑	交叉路口建筑转角
				1	2									布局	体量		
16	中汇广场	2006	12.5万	东二环	东四十条	快速路&主干道		聚集	商业办公	玻璃（虚化）	门厅			入隅	钝化		
17	保利剧院	2000	7500	东二环	工人体育场北路	快速路&主干道		聚集	剧院酒店办公	石材	门厅			入隅	钝化		
18	新保利大厦	2006	18800	东二环	东四十条	快速路&主干道		穿行	办公	玻璃（虚化）	门厅中庭			出隅	钝化		
19	港澳中心	1990	78000	东二环	工人体育场北路	快速路&主干道		聚集	办公公寓酒店	玻璃石材	门厅客房			入隅	钝化		
20	来福士中心	2008	14万	东二环	东直门内大街	快速路&主干道		聚集	办公商业公寓	玻璃	商业			组合	虚化		

基本信息			道路信息					建筑信息							实景照片	
序号	建筑名称	建筑年代	建筑规模（m²）	道路1	道路2	道路等级	路口形状	空间行为	建筑功能	转角材料	转角功能	建筑用地	建筑体量	转角处理手法（布局/体量）	交叉路口建筑	交叉路口建筑转角
21	东方银座	2003	16万	东二环	东直门内大街	快速路&主干道	十	聚集	办公商业公寓	玻璃	办公大厅			凹隅/钝化		
22	瀚海运仓大厦	2005	27000	仓夹道	海运仓胡同	支路&支路	T	聚集	办公	玻璃	办公大厅			凹隅/钝化		
23	中国海油大厦	2006	10万	东二环	朝阳门内大街	快速路&主干道	T	穿行	办公	玻璃	办公			凹隅/钝化		
24	凯恒中心	2008	50万	东二环	朝阳门内大街	快速路&主干道	Y	聚集	办公	石材玻璃	门厅			组合/钝化		
25	联合大厦	1998	71000	外交部南街	朝外南街	支路&支路	L	穿行	办公银行	玻璃	办公银行			凹隅/钝化		

附录1

基本信息			道路信息					建筑信息						实景照片	
序号	建筑名称	建筑年代	建筑规模(m²)	道路1	道路2	道路等级	路口形状	空间行为	建筑功能	转角材料	转角功能	建筑用地	建筑体量	转角处理手法（布局/体量）	交叉路口建筑	交叉路口建筑转角
26	中国人寿大厦	1996	12万	朝阳门外大街	朝外市场街	主干道&次干道		穿行	办公商业公寓	玻璃	办公门厅			出隅/强化		
27	美莱医疗美容医院	2012	30000	朝阳门外大街	朝外市场街	主干道&次干道		聚集	医疗	玻璃石材	门厅			出隅/钝化		
28	101大厦	2003	13000	朝外北街	吉市口东路	次干道&次干道		穿行	办公	玻璃	门厅			出隅/钝化		
29	佳汇国际中心A座	2005	29000	朝外北街	吉市口东路	次干道&次干道		穿行	办公	玻璃石材	门厅			出隅/虚化		
30	天恒大厦	2005	43000	东直门外大街	东中街	主干道&支路		穿行	办公	玻璃	办公			出隅/虚化		

建议

一、沿街面的处理

朝阳门片区调研的大部分建筑都是位于东二环道路两侧的。东二环属于城市快速路，车流量很大，因此东二环二环的道路交叉口周围的建筑考虑道路等级对建筑形态的影响。

1. 连续性

对于这几个交叉口来说，主要道路上的观察视线起主导作用。东二环沿线观察的主导方向，与二环相交的各道路为次要方向。这种情况下，着重考虑交叉口建筑对于这个等级建筑的沿街面，使其具有延续性的引导，恰当。例如，建筑沿街面进行呼应，使建筑沿街面和谐，可以给母题在不同沿街面上反复出现，可以给界面一定的秩序与节奏。

2. 主次感

由于道路等级的差异，在沿街面的处理上也要做出相应的区别设计。对于主要立面的精细街面的精细设计可以吸引人的视线，同时又能将人的行动流线引导到主要界面上。起到人流组织的作用。在街接两个界面的两个立面进行过渡，转角处理得尤为重要，能否恰当地使用强化、钝化、虚化等手法，决定了是否能够自然、和谐地将两个立面进行过渡。这时，需要我们的主要想强调一个方向的连续性，又要突出整体街区的纯净与简洁，可以淡化转角的纯粹，给人一种清新、平静、纯粹的体量感。

二、异形交叉口建筑设计

正交的道路交叉口是比较常见的，形态上是进行相应的变异，以适应场地形状。当遇到异形交叉口时，往往每个建筑的用地就存在钝角或锐角了。这时，需要对建筑整体体量进行相应的变异，以适应场地形状。可以使用由线条来缓解建筑的尖锐感，形态处理手法比较适合异形交叉口使用，可以减弱角部的尖锐感，使两侧街道相邻界面的连续性和整体感得到加强。外弧形转角处所包括底层架空，平衡建筑体与城市环境的矛盾，虚化手法包括底层架空外接平接式外弧形转角 1 处。

（三）东三环片区

东三环片区位于北京市朝阳区。此次调研以东三环北路、朝阳路、光华路、金桐西路两侧内围合区域及道路两侧建筑为主。此区域建筑功能以办公、酒店为主，辅以商业、文化、公寓等。调研建筑共 10 处。建筑风格较现代，多用玻璃幕墙、混凝土、格栅等材质。

在道路等级方面：其中位于主干快速路与主干道交叉口的 3 处，位于主干道与次干道交叉口的 1 处，位于主干道次干道交叉口的 3 处。

在交叉路口形式方面：正交十字形方面：正交十字路口 3 处，X 形交叉口 4 处，T 形交叉口 3 处。

在交叉路口路口交接方面：在转角处设置出入口的 6 处。

在建筑转角设计手法方面：强化手法包括技术逻辑夸张 1 处，钝化手法包括平接式外接平接式外弧形转角 3 处，切线形转角 1 处。

虚化手法包括底层架空 2 处，斜面 2 处，悬挑 1 处。

基本信息			道路信息					建筑信息						实景照片	
序号	建筑名称	建筑年代	建筑规模(m²)	道路1	道路2	道路等级	路口形状	空间行为	建筑功能	转角材料	转角功能	建筑用地	建筑体量	转角处理手法(布局/体量)	交叉路口建筑	交叉路口建筑转角
31	朝外soho	2007	15万	朝阳门外大街	金桐西路	主干道&次干道		聚集	办公商业	玻璃面材	过廊			组合/钝化		
32	京广中心	1990	27000	东三环北路	朝阳门外大街	快速路&主干道		聚集	办公商业公寓	玻璃	办公			凸隅/钝化		
33	渣打大厦	2009	21万	东三环北路	朝阳门外大街	快速路&主干道		聚集	办公	玻璃	办公			凸隅/虚化		
34	朝阳区文化馆	1996	11000	朝阳路	针织路	主干道&次干道		聚集	剧场教室	混凝土	剧场			凸隅/强化		
35	北京辉盛阁国际公寓	2008	40000	金桐西路	景华南街	次干道&支路		穿行	酒店	混凝土	客房			凸隅/虚化		

序号	基本信息			道路信息					建筑信息						实景照片	
	建筑名称	建筑年代	建筑规模（m²）	道路 1	道路 2	道路等级	路口形状	空间行为	建筑功能	转角材料	转角功能	建筑用地	建筑体量	转角处理手法（布局/体量）	交叉路口建筑	交叉路口建筑转角
36	汉威大厦	1997	14.8万	金桐西路	景华南街	次干道&支路	T形	穿行	办公	浅色面板	办公			出隅 / 虚化		
37	光华路soho	2013	15万	东大桥路	光华路	主干道&次干道	十字	穿行	办公	玻璃格栅	办公			出隅 / 钝化		
38	北京新城国际公寓	2006	32万	金桐西路	景华北街	次干道&支路	十字	穿行	住宅	玻璃混凝土	住宅			出隅 / 钝化		
39	北京文华东方酒店	2009	19万	东三环中路	朝阳路	快速路&主干道	错位	穿行	酒店	玻璃浅色面板	客房			出隅 / 虚化		
40	中央电视台总部大楼	2009	55万	东三环中路	光华路	快速路&次干道	十字	聚集	办公	玻璃	办公			入隅 / 虚化		

建议

一、街角空间的营造

东三环片区建筑普遍比较大,包括大型商业综合体、大型公寓等。街角建筑也有部分以建筑群的形式出现,对于这种大型建筑,如何营造良好的街角空间,就需要仔细考虑了。我们可以通过对建筑(群)整体布局或者建筑单体的虚化手法来处理这个问题。

1. 布局手法

组合型的布局手法是通过组合整个建筑物或建筑群,采用底部分离、顶部连体的手法,在形成视觉通廊的同时,又能将人流引入到建筑体内部。
路口紧张的用地和交通压力,可以合理规划土地的利用,将建筑适当地退后,形成大片开敞空间,营造活跃的氛围,既能吸引目光、聚集人流,也服务于城市公共空间,通过这个街角空间的营造,也建立起整个交叉路口环境的秩序感。
交叉路口的建筑所在地也不一定要建满建筑,可以合理规划土地的利用,将建筑因退让的手法形成或过大或小的入隅空间,既可以为建筑所用,也服务于城市公共空间,通过这个街角空间的营造,也建立起整个交叉路口环境的秩序感。

2. 虚化手置

大规模建筑与平面交叉路口的巨大反差可以采用虚化的手法来中和。其中裙房、退合架空将空间手法可以将局部的室外空间与建筑大体置的面积和层次感。架空的手法将增加街角空间的面积和层次感,吸引穿行和在此办公的人驻足和休息。

二、建筑的创新性

建筑现片区也比较有活力,因此这里的建筑比较都具有创新性。
若想突出建筑的创新性,使其具有时代感和地域特色,片区的活力,使用强烈的手段处理街角转折,使用角部单独立体、技术逻辑夸张手法或定转角的强烈对比,都能使建筑在片区内脱颖而出,成为视觉焦点。

(四)东单片区

东单片区位于北京市东城区。此次调研以东长安街、王府井大街道路两侧及周边区域建筑为主。此片区域建筑主要包括酒店、办公、商业。调研建筑共 10 处,多用玻璃幕墙,混凝土等材质,也采用中式、西式传统星顶等形式。

在道路等级方面:其中位于主干道与主干道交叉口的 2 处,位于主干道与次干道交叉口的 5 处,位于次干道与次干道交叉口的 3 处。

在交叉路口形状方面:正交十字路口 10 处。

在建筑与路口交接方面处设置出入口的 6 处,在两侧道路上设置出入口 4 处。

在建筑转角设计手法方面:强化手法包括立体转角 3 处,强化手法包括平接式外弧形转角 1 处、切角形转角 2 处、错接式外弧形转角 3 处。纯化手法包括平接式外弧形转角

基本信息			道路信息					建筑信息					转角处理手法		实景照片	
序号	建筑名称	建筑年代	建筑规模(m²)	道路1	道路2	道路等级	路口形状	空间行为	建筑功能	转角材料	转角功能	建筑用地	建筑体量	布局	体量	交叉路口建筑	交叉路口建筑转角
41	安永大楼	2003	28万	东长安街	东单北大街	主干道&主干道	十字	聚集	办公商业	玻璃	办公			出隅	强化		
42	民生金融中心	2007	25万	建国门内大街	崇文门内大街	主干道&主干道	十字	聚集	办公	玻璃	办公			出隅	钝化		
43	北京国际饭店	1987	75000	建国门内大街	朝阳门南小街	主干道&次干道	十字	聚集	酒店	混凝土	楼梯			出隅	强化		
44	中国交通运输部	不详	55000	建国门内大街	朝阳门南小街	主干道&次干道	十字	聚集	办公	石材	办公			出隅	强化		
45	淘汇新天	2014	38000	东安门大街	王府井大街	次干道&次干道	十字	穿行	商业	玻璃金属板	商业			出隅	钝化		

附录1

基本信息			道路信息						建筑信息					实景照片	
序号	建筑名称	建筑年代	建筑规模（m²）	道路1	道路2	道路等级	路口形状	空间行为	建筑功能	转角材料	转角功能	建筑用地	建筑体量	转角处理手法（布局/体量）	交叉路口建筑	交叉路口建筑转角
46	乐天银泰百货	2006	83600	东安门大街	王府井大街	次干道&次干道	十	穿行	商业	玻璃	商业			出隅/钝化		
47	新东安办公大楼1号楼	2004	40000	东安门大街	王府井大街	次干道&次干道	十	穿行	办公商业	玻璃广告	商业			出隅/钝化		
48	励骏酒店	2008	13.2万	东四南大街	金宝街	主干道&次干道	十	聚集	酒店	混凝土玻璃	客房			出隅/钝化		
49	北京丽晶酒店	2006	40000	东四南大街	金宝街	主干道&次干道	十	聚集	酒店	玻璃深色面板	客房			出隅/钝化		
50	国旅大厦	2001	15000	东四南大街	金宝街	主干道&次干道	十	穿行	办公	玻璃	办公			出隅/强化		

建议

一、沿街面的处理

东单片区调研的建筑中有一部分是位于长安街道路两侧的。长安街是北京市主干道,车流量大,游客较多。因长安街两侧的交叉路口建筑主立面向长安街,在这种情况下,交叉路口建筑在处理时可以将南向主要道路的立面做得更加精细紧凑,而向次要道路的处理可以适当简化。转角位置的立面道路可以采用弱化的手法,作为交叉路口的一个节点。

长安街片区调研的建筑中有商业建筑名自都比较集中。对于这两种建筑类型,建筑设计上给出了不同的应对手法。对于长安街北京著名的东西轴线,易于成为城市主干道,可以采用线化中切线形转角的手法。酒店设计可以采用线化中切线形转角的手法,同时大功角可以布置较好的客房,底层可以布置比较大的汽车落客南堂,圆滑的街角建筑弧面转角联系起来,几个街角建筑弧面将两个立面的商业空间联系起来,削弱主次感。用作酒店或商业综合体设计可以采用线化中的外弧形转角手法,将人流组织得更加顺滑、合理。

二、不同建筑类别的处理

东单片区内调研的酒店中的酒店比较集中。酒店设计上给出了不同的应对手法。对于布置较好的客房,可以在街角布置比较大的汽车落客南堂,将人流组织得更加顺滑的步行街立等空间,将人流组织得更加顺滑。

(五) 国贸片区

国贸片区位于北京市朝阳区。此次调研以东三环中路、建国路道路两侧及周边区域建筑为主。此区域建筑功能以办公为主,辅以商业、酒店等。调研建筑共10处。建筑风格等级方面:其中位于快速路与主干道交叉口的5处,位于主干道与次干道交叉口的2处,位于主干道与次干道交叉口的2处,位于主干道与次干道交叉口的2处。建筑等级道路方面,传统开存,多用玻璃幕墙、混凝土等材质。建筑路口形状方面:大型立交叉口5处,正交十字路口1处,丁形交叉口4处。在建筑与道路交接方面:在转角处设置出入口的3处,在两侧道路上设置出入口的7处。在建筑转角立面设计手法包括平接式外弧形转角1处、线化手法包括平接式外弧形转角3处、水平折线形转角2处。线化手法句括悬挑1处、裙房2处。

附录1

基本信息			道路信息					建筑信息						实景照片	
序号	建筑名称	建筑年代	建筑规模(m²)	道路1	道路2	道路等级	路口形状	空间行为	建筑功能	转角材料	转角功能	建筑用地	建筑体量	转角处理手法(布局/体量)	交叉路口建筑	交叉路口建筑转角
51	长富宫饭店	1983	35000	东二环	建国门外大街	快速路&主干道	十字	聚集	酒店	浅色面板	客房			比邻/钝化		
52	国贸中心	1990	12万	东三环中路	建国门外大街	快速路&主干道	十字	聚集	办公	玻璃	办公			组合/钝化		
53	银泰中心	2007	35万	东三环中路	建国门外大街	快速路&主干道	十字	聚集	办公	玻璃浅色面板	办公			组合/虚化		
54	招商局大厦	1999	64000	东三环中路	建国门外大街	快速路&主干道	十字	聚集	办公	玻璃	办公			比邻/钝化		

基本信息			道路信息						建筑信息				实景照片	
序号	建筑名称	建筑年代	建筑规模(m²)	道路 1	道路 2	道路等级	路口形状	空间行为	建筑功能	转角材料	转角功能	建筑用地	建筑体量	转角处理手法 布局 / 体量	交叉路口建筑	交叉路口建筑转角
55	中服大厦	2002	38000	东三环中路	建国门外大街	快速路&主干道		聚集	办公	玻璃	办公			出隅 / 钝化		
56	双子座大厦	2004	15万	建国门外大街		主干道&支路		聚集	办公	玻璃	办公			出隅 / 虚化		
57	新华保险大厦	2004	70000	建国门外大街		主干道&支路		聚集	办公	玻璃 浅色面板	办公			出隅 / 钝化		
58	贵友大厦	1990	12000	建国门外大街	东大桥路	主干道&主干道		聚集	商业	浅色面板	商业			出隅 / 强化		

序号	基本信息			道路信息					建筑信息				转角处理手法		实景照片	
	建筑名称	建筑年代	建筑规模(m²)	道路		道路等级	路口形状	空间行为	建筑功能	转角材料	转角功能	建筑用地	建筑体量	布局	体量	交叉路口建筑	交叉路口建筑转角
				1	2												
59	赛特集团	1992	13000	建国门外大街	日坛路	主干道&次干道	十	聚集	商业	混凝土	商业			出隅	钝化		
60	万达广场	2006	48万	建国路	郎家园路	主干道&次干道	T	穿行	办公影城	玻璃格栅	办公			出隅	虚化		

国贸片区调研的建筑都分布在建外大街两侧,与长安街两侧的建筑处理方式相似,将主要立面向主要道路。一些大体量的办公建筑或商业综合体,也同东三环片区内的类似建筑一样,采用了布局手法或虚化建筑体量的手法来与交叉路口相适应。

一、沿街面的处理

在这种情况下,交叉路口建筑在处理时可以将面向主要道路的立面做得更加精细恢宏,而面向次要道路的立面适当简化。办公建筑两侧的立面由于孤立的一个节点,在此就需要使它们与环境相处得和谐。办公建筑用地以稳健为主,因此转角位置的处理可以采用钝化的手法,作为交叉路口的一个节点,使用外弧形转角、切线形转角、折线形转角等方式,作为沿街立面的一个端点。

二、街角空间的营造

在大型立体道路交叉口周围的建筑规模比较大,高度也比较高,有一部分甚至是一个建筑群。
1. 布局手法

组合型的布局手法是通过组合整个建筑物或建筑群,采用底部分离,顶部连体的手法,在形成俯视通廊的同时,又能将人流引入到建筑内部。这样可以缓解交叉路口的交通压力,交叉路口的用地也不一定要满建,可以合理规划土地的利用,将建筑适当地退后,聚集人流,形成大片开放空间。这种因退让引入到建筑或大或小的入隅空间,既可以为建筑所用,也服务于城市公共空间,营造活跃的氛围,吸引目光,建立起整个交叉路口环境的秩序感。
2. 虚化体量

大规模建筑与平面交叉口的巨大反差可以采用虚化的转角处理手法来实现。裙房界定街道层面的公共活动领域,高层满足容积率的要求,并且提供一个标志性建筑,虚化底部就能达到突出悬挑部分的效果。

使用悬挑的手法可以将局部外挂的建筑实体巧妙地过渡,通过这个街角空间,营造活跃的建筑视觉焦点,而把建筑的其他地方当作陪衬,这样就能达到让人们在到上街悬挑部分悬挑形体,虚化底部的手法可以让人们在到上街悬挑部分悬挑形体,虚化底部当作背景的景观。

（六）五道口片区

五道口片区位于北京市海淀区。此次调研以成府路、中关村东路、展春园路、荷清路、学院路、清华东路等为主干路，辅以商业建筑、办公建筑等。调研建筑共 10 处。建筑风格现代，办公建筑等级中位于主干道与次干道交叉口的 6 处，位于次干道与支路交叉口的 1 处，位于次干道与支路交叉口的 2 处，位于支路与支路交叉口的 1 处。
在交叉路口形状方面：正交十字路口 8 处，一边斜交叉口 1 处，X 形交叉口 1 处。
在建筑与路口交接方面：在转角处设置出入口的 9 处，在两侧道路上设置出入口的 1 处。
在建筑转角设计手法方面：钝化式内凹形转角 2 处，平接式内直线凹包含式内直线凹形转角 1 处，平接式外弧形转角 2 处，错接式外弧形转角 1 处，切线形转角 4 处，水平折线形转角 1 处，垂直折线形转角 1 处。

序号	基本信息			道路信息				建筑信息						实景照片	
	建筑名称	建筑年代	建筑规模(m²)	道路1	道路2	道路等级	路口形状	空间行为	建筑功能	转角材料	转角功能	建筑用地	建筑体量	转角处理手法 || 交叉路口建筑	交叉路口建筑转角
														布局	体量		
61	启迪科技大厦	2005	18.8万	中关村东路	成府路	主干道&次干道	╬	穿行	办公	玻璃深色面板	办公			偶出	钝化		

附录1

基本信息			道路信息				建筑信息							实景照片	
序号	建筑名称	建筑年代	建筑规模(m²)	道路1	道路2	道路等级	路口形状	空间行为	建筑功能	转角材料	转角功能	建筑用地	建筑体量	转角处理手法（布局/体量）	交叉路口建筑	交叉路口建筑转角
62	华清商务会馆	2002	25000	中关村东路	成府路	主干道&次干道	十	穿行	旅馆	玻璃混凝土	客房			出隅 / 钝化		
63	华清嘉园西区	2001	25000	中关村东路	成府路	主干道&次干道	十	穿行	住宅	玻璃混凝土	住宅			出隅 / 钝化		
64	东升大厦	2010	55000	中关村东路	成府路	主干道&次干道	十	聚集	商业办公	玻璃浅色面板	商业			出隅 / 钝化		
65	北京中油宾馆（海淀分部）	2004	21000	学院路	志新路	主干道&次干道	十	穿行	宾馆	玻璃	客房			出隅 / 钝化		
66	方正集团大厦	2005	44000	中关村北大街	成府路	主干道&次干道	十	穿行	办公	玻璃浅色面板	办公			出隅 / 钝化		

序号	基本信息			道路信息					建筑信息						实景照片	
	建筑名称	建筑年代	建筑规模(m²)	道路1	道路2	道路等级	路口形状	空间行为	建筑功能	转角材料	转角功能	建筑用地	建筑体量	转角处理手法(布局/体量)	交叉路口建筑	交叉路口建筑转角
67	东源大厦	2003	10000	成府路	荷清路	次干道&次干道	丁形	穿行	商业	玻璃浅色面板	商业			出隔/钝化		
68	中国地质大学综合楼	2013	38500	成府路		次干道&支路	丁形	穿行	教室	玻璃混凝土	教室			出隔/钝化		
69	五道口购物中心	2008	80000	成府路	财经东路	次干道&次干道	十形	聚集	办公商业	浅色面板	办公商业			出隔/钝化		
70	紫光国际交流中心	2001	55000	双清路		支路&支路	丁形	穿行	酒店	玻璃	酒店			出隔/钝化		

建议

在五道口片区的调研建筑中,所有建筑的转角处理基本都采用了钝化的手法。由于该片区内有不少高校,因此建筑风格会以大气、稳重为主。这类片区在进行单体交叉口建筑设计时,可以考虑钝化手法进行建筑转角部的突兀感,交通流线、视线等不宜环境,将建筑的转角作为一个面未处理,使建筑沿街的两个立面相互结合,使建筑沿街的两个立面相互结合,自然过渡。

1. 外弧形转角:适用于需要减弱角部的尖锐感,增强两侧街道相邻界面的连续性和整体感,需要扩大体量,以及在左角部街设置橱窗、入口等的转角。
2. 切线形转角:适用于需要营造较强向心性,较集角部丰富性,增强建筑挟交性的转角。
3. 折线形转角:适用于需要营造较大,较集建筑沿街两个立面相互比。
4. 内凹形转角:适用于需要营造较大,较集中的前广场或城市空间的建筑转角。

附录 2

北京市部分城市交叉路口建筑群体设计案例

北京市部分城市交叉路口建筑群体设计案例

(一) 西单片区

序号	道路信息				交通行为		建筑信息				实景照片	
	路名	等级	路口形状	路口平面图	地下/地上	出入口位置	建筑名称	建筑功能	平面形式	建筑转角处理手法	交叉路口建筑单体	交叉路口建筑群体
1	西单北大街 西长安街	主干道&次干道	十字路口		地下通道	人行道	中国银行总行大厦	交易		钝化		
							北京图书大厦	商业		退线		
							中国人保大厦	交易		钝化退线		
							中国民生银行大厦	交易		强化		

道路信息						建筑信息				实景照片	
序号	路名	等级	路口形状	路口平面图	交通行为		建筑名称	建筑功能	平面形式	建筑转角处理手法	交叉路口建筑单体	交叉路口建筑群体
					出入口位置	地下/地上						
2	复兴门内大街 西二环	主干道&主干道	十字形路口		人行道	地下通道	国家海洋总局	办公		退线		
							中国工艺美术馆	展示		钝化 虚线		
							教育资源中心	办公		钝化 退线		
							广电总局大厦	办公		退线		

道路信息					建筑信息				实景照片	
路名	等级	路口形状	路口平面图	交通行为	建筑名称	建筑功能	平面形式	建筑转角处理手法	交叉路口建筑单体	交叉路口建筑群体
				地下/地上	出入口位置					
辟才胡同 西单北大街	次干道&支路	十字形路口		天桥	人行道/建筑内部	中国电信综合楼	商业		钝化	
						旧胡同建筑	综合		无	
						西单老佛爷百货大楼	商业		钝化 虚化	
						西单婚庆大楼	商业		钝化	

序号 3

附录2 141

（二）金融街片区

序号	路名	道路信息			交通行为		建筑信息				实景照片	
		等级	路口形状	路口平面图	地下/地上	出入口位置	建筑名称	建筑功能	平面形式	建筑转角处理手法	交叉路口建筑单体	交叉路口建筑群体
4	广宁伯街 西二环	主干道&支路	十字形路口		高架桥	无	北京农业银行商业银行总部	交易		无		
							中国联通大厦	交易		无		
							中国建设银行大厦	交易		无		
							综合楼	商业办公		转化		

序号	道路信息				建筑信息				实景照片	
	路名	等级	路口形状	路口平面图	交通行为 出入口位置 / 地下地上	建筑名称	建筑功能	平面形式	建筑转角处理手法	交叉路口建筑单体	交叉路口建筑群体
5	太平桥大街 / 广宁伯街	支路 & 次干道	十字形路口		无 / 无	中国大唐集团大厦	办公		钝化		
						居住区	居住		退线		
						中海地产大厦	办公		钝化		
						太平大厦	办公		无		

附录2　143

道路信息				交通行为	建筑信息				实景照片	
序号	路名	等级	路口形状	路口平面图	出入口位置 地下/地上	建筑名称	建筑功能	平面形式	建筑转角处理手法	交叉路口建筑单体	交叉路口建筑群体
6	金融街 & 金城坊西街	次干道 & 支路	十字形路口		无	北京产权交易所	银行交易		虚化		
						金融街购物中心	商业		钝化		
						金融街交通银行大厦	办公		钝化		
						富凯大厦	办公		钝化		

道路信息					交通行为	建筑信息				实景照片	
序号	路名	等级	路口形状	路口平面图	出入口位置 地下/地上	建筑名称	建筑功能	平面形式	建筑转角处理手法	交叉路口建筑单体	交叉路口建筑群体
7	什纺小街 / 胖才胡同	支路 & 次干道	T形路口		无	丰汇园小区	居住		无		
						宏汇园小区	居住		无		
						国家教育部	办公		退线		

（三）东二环片区

序号	道路信息				交通行为		建筑信息				实景照片	
	路名	等级	路口形状	路口平面图	地下/地上	出入口位置	建筑名称	建筑功能	平面形式	建筑转角处理手法	交叉路口建筑单体	交叉路口建筑群体
8	朝阳门外大街 东二环	快速路&主干道	十字形路口 带交通岛		高架桥	无	中国海油大厦	办公		钝化		
							中国石化大厦	办公		无		
							外交大厦	办公		强化		
							凯恒中心	办公		钝化		

146　城市交叉路口建筑设计

序号	道路信息				交通行为		建筑信息				实景照片	
	路名	等级	路口形状	路口平面图	出入口位置	地下/地上	建筑名称	建筑功能	平面形式	建筑转角处理手法	交叉路口建筑单体	交叉路口建筑群体
9	东四十条 / 东二环	快速路 & 主干道	十字形路口 交通岛	(图)	人行道	高架桥 / 地下通道	中汇广场	商业 办公	(图)	钝化	(图)	(图)
							保利大厦	剧院 酒店 办公	(图)	钝化	(图)	
							新保利大厦	办公	(图)	钝化	(图)	
							港澳中心	办公 公寓 酒店	(图)	钝化	(图)	

附录2　147

道路信息				交通行为		建筑信息				实景照片	
序号	路名	等级	路口形状	路口平面图	地下/地上	出入口位置	建筑名称	建筑功能	平面形式	建筑转角处理手法	交叉路口建筑单体	交叉路口建筑群体
10	东直门内外大街 东二环	快速路&主干道	十字形路口 交通岛		高架桥/地下通道	人行道	中国石油大厦	办公		无		
							快轨大厦	商业		钝化		
							东方银座	商业办公		钝化		
							Raffle City大厦	商业办公		钝化		

148 城市交叉路口建筑设计

道路信息						交通行为		建筑信息					实景照片	
序号	路名	等级	路口形状	路口平面图		出入口位置	地下/地上	建筑名称	建筑功能	平面形式	建筑转角处理手法		交叉路口建筑单体	交叉路口建筑群体
11	建国门大街 东二环	快速路&主干道	十字形 路口带交通岛			人行道	高架桥/地下通道	中国社会科学院	办公		退线			
								建国门外交寓	居住		退线			
								长富宫饭店	酒店商业居住		无			
								海关公寓	居住办公		退线			

（四）朝阳外片区

序号	道路信息				交通行为		建筑信息				实景照片	
	路名	等级	路口形状	路口平面图	地下/地上	出入口位置	建筑名称	建筑功能	平面形式	建筑转角处理手法	交叉路口建筑单体	交叉路口建筑群体
12	朝阳外大街	快速路	十字形路口		人行天桥	人行道	中国石化大厦	办公		无		
	吉市口路	支路					华普国际大厦	商业办公		钝化		
							丰联广场	商业办公		钝化		
							中华人民共和国外交部	办公		钝化		

道路信息				交通行为		建筑信息				实景照片	
序号	路名	等级	路口形状	路口平面图	地下/地上	出入口位置	建筑名称	建筑功能	平面形式	建筑转角处理手法	交叉路口建筑单体	交叉路口建筑群体
13	朝外南街 外交部南街	支路&支路	十字形路口斜交		无	无	中华人民共和国外交部	办公		强化		
							联合大厦	商业办公		纯化		
							悠唐青年公寓	商业居住		无		
							外交部家属院	居住		纯化		

附录2   151

序号	道路信息				交通行为		建筑信息					实景照片	
	路名	等级	路口形状	路口平面图	出入口位置	地下/地上	建筑名称	建筑功能	平面形式	建筑转角处理手法		交叉路口建筑单体	交叉路口建筑群体
14	朝外南街 朝外市场街	支路&支路	十字形路口		无	无	泛利大厦	商业居住		纯化			
							昆泰国际大厦	商业办公		纯化			
							朝外MAN	商业办公		无			
							悠唐国际	商业办公		退线			

序号	道路信息				交通行为		建筑信息				实景照片	
	路名	等级	路口形状	路口平面图	地下/地上	出入口位置	建筑名称	建筑功能	平面形式	建筑转角处理手法	交叉路口建筑单体	交叉路口建筑群体
15	芳草地西街 朝外南街	支路&支路	十字形 路口交通岛		天桥	建筑内部	朝阳门外大街12号楼	商业		钝化		
							中国建设银行（朝阳区支行）	银行交易		钝化		
							某低层建筑	商业综合		无		
							小白楼	居住商业		退线		

附录2

道路信息				建筑信息				实景照片	
路名	等级	路口形状	路口平面图	交通行为		建筑名称	建筑功能	平面形式	建筑转角处理手法	交叉路口建筑单体	交叉路口建筑群体

序号 16

路名	等级	路口形状	交通行为 出入口位置 / 地下地上	建筑名称	建筑功能	建筑转角处理手法
工人体育场路/朝阳北路 朝阳外大街	快速路&支路	五叉路交叉口 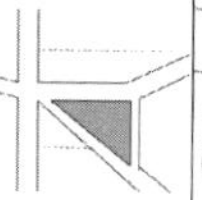	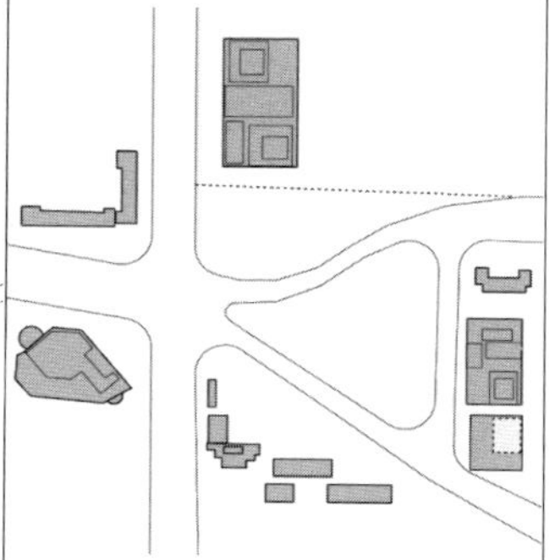 无	第五季酒店朝阳分店	酒店商业居住	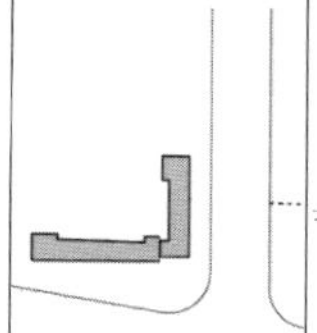 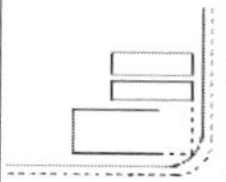 退线 
				百富国际大厦	商业综合	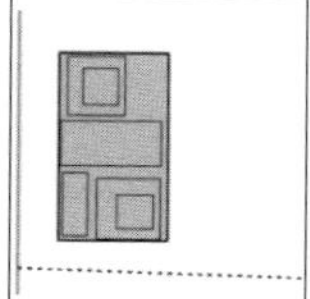 无  
				国安宾馆	商业居住	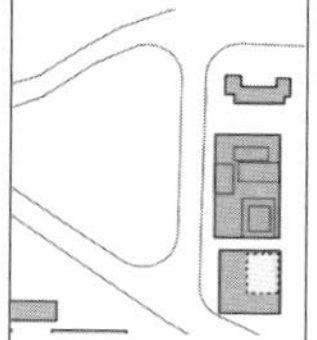 无  
				辰岸多建筑	商业综合	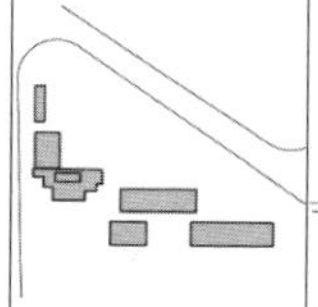 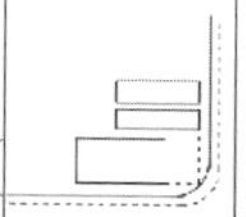 退线  
				蓝岛大厦	商业办公	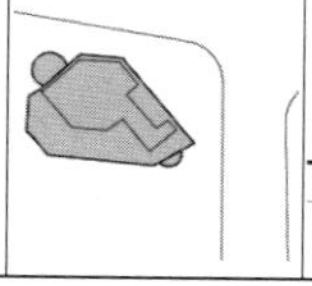 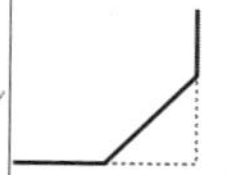 钝化  

154　城市交叉路口建筑设计

（五）东三环片区

序号	道路信息				交通行为		建筑信息				实景照片	
	路名	等级	路口形状	路口平面图	地下/地上	出入口位置	建筑名称	建筑功能	平面形式	建筑转角处理手法	交叉路口建筑单体	交叉路口建筑群体
17	建国门外大街 东三环中路	快速路&主干道	十字形路口	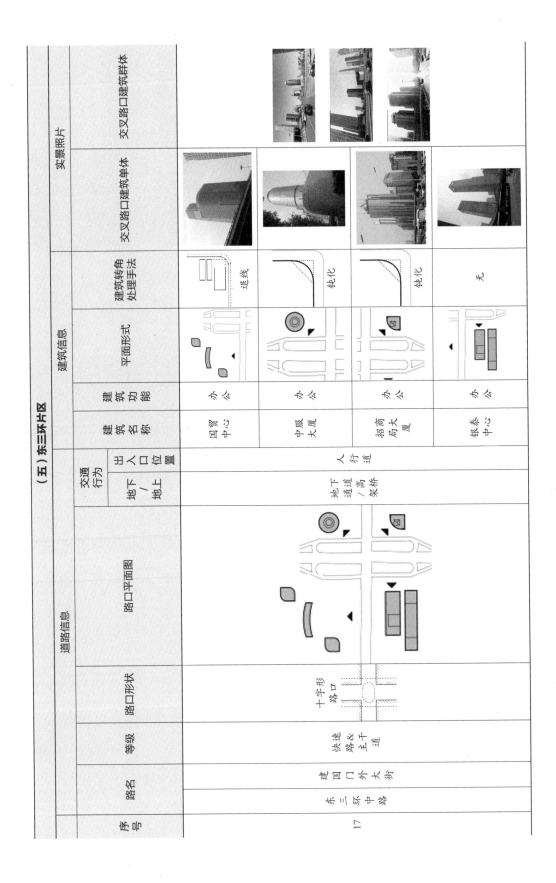	地下通道/高架桥	人行道	国贸中心	办公		退线		
							中服大厦	办公		纯化		
							招商局大厦	办公		纯化		
							银泰中心	办公		无		

序号	道路信息			交通行为		建筑信息				实景照片	
	路名	等级	路口形状	路口平面图	地下/地上	出入口位置	建筑名称	建筑功能	平面形式	建筑转角处理手法	交叉路口建筑单体	交叉路口建筑群体
18	建国门外大街	主干道&支路	T形路口		天桥	人行道	中国社会经济文化交流协会	办公		无		
	无名路						双子座大厦	办公		无		
							新华保险大厦	办公		钝化		

道路信息					建筑信息				实景照片	
序号	路名	等级	路口形状	路口平面图	交通行为		建筑名称	建筑功能	平面形式	建筑转角处理手法	交叉路口建筑单体	交叉路口建筑群体
					出入口位置	地下/地上						
19	建国门外大街 日坛路	主干道&支路	十字形路口		人行道	地下通道	国际俱乐部	商业办公		钝化		
							国际大厦A座	办公		退线		
							赛特集团	商业办公		钝化		
							华侨村	办公居住		钝化		

（六）五道口片区

序号	道路信息			交通行为		建筑信息				实景照片	
	路名	等级	路口形状	路口平面图	出入口位置	地下/地上	建筑名称	建筑功能	平面形式	建筑转角处理手法	交叉路口建筑单体	交叉路口建筑群体
20	成府路 中关村东路	主干道&次干道	T形路口		无	无	启迪科技大厦	商业办公		钝化		
							东升大厦	办公		钝化		
							华清商务会馆	商业办公		钝化		
							华清嘉园西区	商业办公居住		钝化		

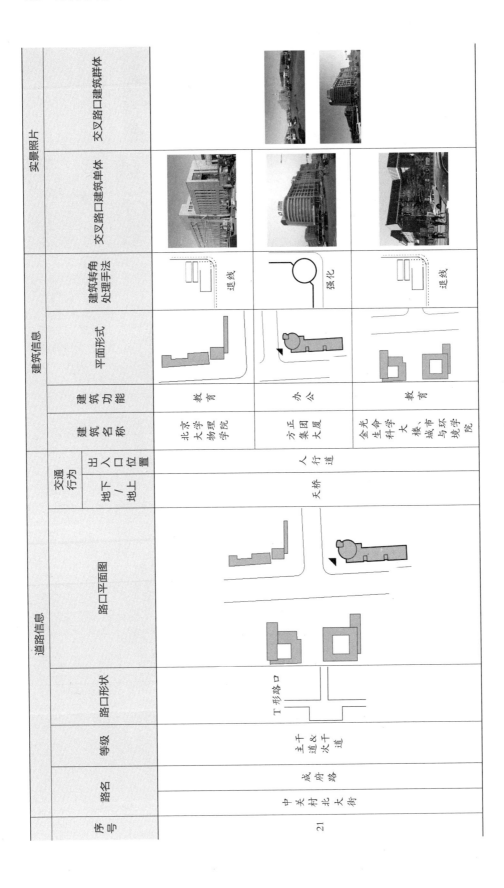

序号	道路信息					交通行为		建筑信息				实景照片	
	路名		等级	路口形状	路口平面图	地下/地上	出入口位置	建筑名称	建筑功能	平面形式	建筑转角处理手法	交叉路口建筑单体	交叉路口建筑群体
22	中关村大街	海淀大街	支路&次干道	T 形路口 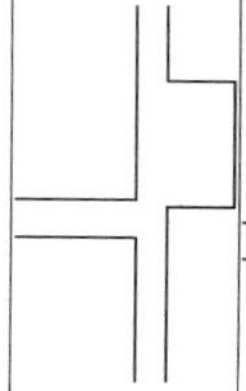	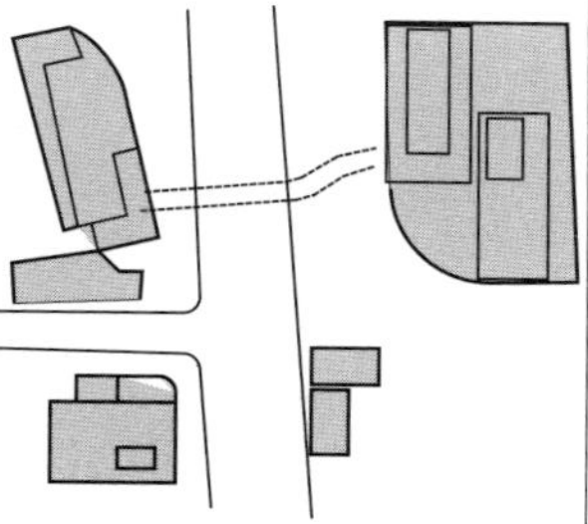	地下通道/天桥	建筑内部	海龙大厦	商业	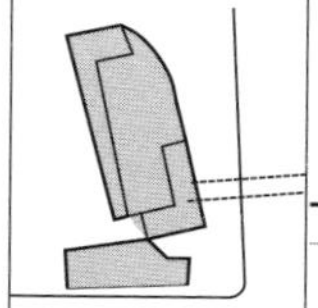	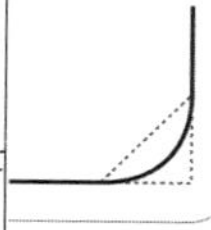 钝化		 
								中关村科贸电子城	商业	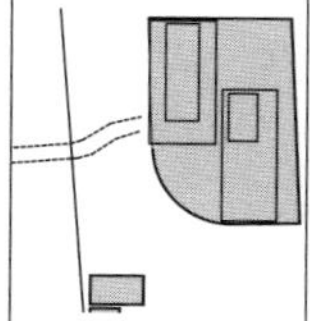	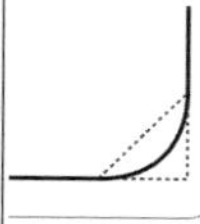 钝化		
								四通大厦	商业办公	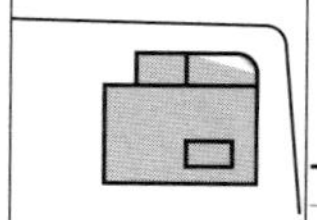	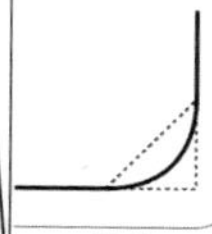 钝化		

160 城市交叉路口建筑设计

（七）东单片区

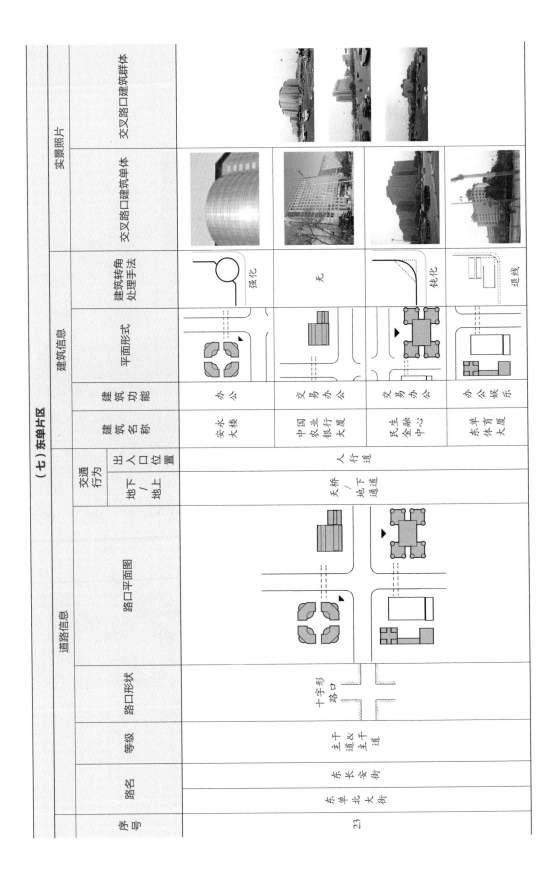

图表来源

表 3-1，来源：刘滨谊. 城市道路景观规划设计 [M]. 南京：东南大学出版社，2002.

表 3-2、图 3-74，来源：KPF. 建筑名家名作精选系列——科恩·佩德森·福克斯事务所 [M]. 蔡松坚，译. 北京：中国建筑工业出版社，2005.

图 3-20，来源：方于升，等. 现代建筑屋顶、墙角设计精选 [M]. 南京：江苏科学技术出版社，2002.

图 3-23、图 3-25、图 3-26、图 3-57、图 3-66、图 3-67、图 3-68，来源：严坤. 普利策建筑奖获得者专辑 [M]. 北京：中国电力出版社，2004.

图 3-27，来源：大师系列丛书编辑部. 马里奥·博塔的作品与思想 [M]. 北京：中国电力出版社，2005.

图 3-28，来源：张利，姚虹. HPP 建筑事务所作品集 [M]. 郑州：河南科学技术出版社，2002.

图 3-56，来源：郭佳. 建筑转角相关问题初探 [D]. 北京：清华大学，2005.

图 3-75，来源：美国芬特雷斯·布拉德伯恩建筑师事务所. 芬特雷斯·布拉德伯恩建筑师事务所 [M]. 北京：中国建筑工业出版社，2001.

表 4-1，来源：克利夫·芒福汀，等. 美化与装饰 [M]. 韩冬青，等，译. 北京：中国建筑工业出版社，2004.

参考文献

[1] 芦原义信.外部空间设计[M].尹培桐,译.北京:中国建筑工业出版社,1985.

[2] 刘滨谊.城市道路景观规划设计[M].南京:东南大学出版社,2002.

[3] KPF.建筑名家名作精选系列——科恩·佩德森·福克斯事务所[M].蔡松坚,译.北京:中国建筑工业出版社,2005.

[4] 克利夫·芒福汀,等.美化与装饰[M].韩冬青,等,译.北京:中国建筑工业出版社,2004.

[5] 凯文·林奇.城市意象[M].方益萍,何晓军,译.北京:华夏出版社,2001.

[6] 凯文·林奇,加里·海克.总体设计[M].黄富厢,等,译.北京:中国建筑工业出版社,1999.

[7] 梅泽笃之介,等.道路和广场的地面铺装[M].章俊华,乌恩,译.北京:中国建筑工业出版社,2010.

[8] 麦克卢斯基.道路型式与城市景观[M].张仲一,卢少曾,译.北京:中国建筑工业出版社,1992.

[9] 维特鲁威.建筑十书[M].高履泰,译.北京:中国建筑工业出版社,1986.

[10] 司谷特.人文主义建筑学情趣史的研究[M].张钦楠,译.北京:中国建筑工业出版社,1989.

[11] 包纯.交叉路口的建筑形态研究[D].重庆:重庆大学,2004.

[12] 李大夏.路易·康[M].北京:中国建筑工业出版社,1993.

[13] 齐康.城市建筑[M].南京:东南大学出版社,2001.

[14] 彭一刚.建筑空间组合论[M].北京:中国建筑工业出版社,1998.

[15] 梁雪,肖连望.城市空间设计[M].天津:天津大学出版社,2000.

[16] 田银生,刘绍军.建筑设计与城市空间[M].天津:天津大学出版社,2000.

[17] 阿摩斯·拉普卜特.建成环境的意义[M].黄兰谷,等,译.北京:中国建筑工业出版社,2003.

[18] 吕正华，马青. 街道环境景观设计 [M]. 沈阳：辽宁科学技术出版社，2000.
[19] 艾德蒙·N. 培根. 城市设计 [M]. 黄富厢，朱琪，译. 北京：中国建筑工业出版社，2003.
[20] 史春珊. 现代形式构图原理 [M]. 哈尔滨：黑龙江科学技术出版社，1985.
[21] 罗文媛，赵明耀. 建筑形式语言 [M]. 北京：中国建筑工业出版社，2001.
[22] 余柏椿. 城市设计感性原则与方法 [M]. 北京：中国城市出版社，1997.
[23] 韩冬青，冯金龙. 城市·建筑一体化设计 [M]. 南京：东南大学出版社，1999.
[24] 张钦楠. 阅读城市 [M]. 北京：生活·读书·新知三联书店，2004.
[25] 徐思淑，周文华. 城市设计导论 [M]. 北京：中国建筑工业出版社，1991.
[26] 美国国家城市交通官员协会. 公共交通街道设计指南 [M]. 刘大川，等，译. 南京：江苏凤凰科学技术出版社，2019.
[27] 美国国家城市交通官员协会. 城市街道设计指南 [M]. 杨柳，等，译. 南京：江苏凤凰科学技术出版社，2018.
[28] 柯林·罗，弗瑞德·科特. 拼贴城市 [M]. 童明，译. 北京：中国建筑工业出版社，2003.
[29] 金广君. 图解城市设计 [M]. 北京：中国建筑工业出版社，2010.